# 枫桥经验

楓橋經驗

## 调出和谐

FENGQIAO JINGYAN TIAOCHU HEXIE

蔡娟 刘俊江◎编著

浙江工商大学出版社
ZHEJIANG GONGSHANG UNIVERSITY PRESS
·杭州·

**图书在版编目(CIP)数据**

枫桥经验　调出和谐 / 蔡娟，刘俊江编著 . — 杭州：浙江工商大学出版社，2019.12（2023.4重印）

ISBN 978-7-5178-3625-4

Ⅰ. ①枫…　Ⅱ. ①蔡… ②刘…　Ⅲ. ①调解(诉讼法) - 案例 - 中国　Ⅳ. ①D925.114.5

中国版本图书馆CIP数据核字(2019)第284820号

**枫桥经验　调出和谐**

FENGQIAO JINGYAN　TIAOCHU HEXIE

蔡　娟　刘俊江 编著

**责任编辑**　张　玲

**责任校对**　穆静雯

**封面设计**　潘　洋

**责任印刷**　包建辉

**出版发行**　浙江工商大学出版社

（杭州市教工路198号　邮政编码310012）

（E-mail：zjgsupress@163.com）

（网址：http://www.zjgsupress.com）

电话：0571-88904980，88831806（传真）

**排　　版**　杭州红羽文化创意有限公司

**印　　刷**　杭州高腾印务有限公司

**开　　本**　880mm×1230mm　1/32

**印　　张**　9.125

**字　　数**　205千

**版 印 次**　2019年12月第1版　2023年 4 月第2次印刷

**书　　号**　ISBN 978-7-5178-3625-4

**定　　价**　42.00元



浙江工商大学出版社营销部邮购电话　0571 - 88904970

# 编委会名单

# 毛泽东对“枫桥经验”的批示

此件看过，很好。讲过后，请你们考虑，是否可以发到县一级党委及县公安局，中央在文件前面写几句介绍的话，作为教育干部的材料。其中应提到诸暨的好例子，要各地仿效，经过试点，推广去做。

毛泽东

（一九六三年）十一月二十日

# 习近平就坚持和发展“枫桥经验”作出重要指示

各级党委和政府要充分认识“枫桥经验”的重大意义，发扬优良作风，适应时代要求，创新群众工作方法，善于运用法治思维和法治方式解决涉及群众切身利益的矛盾和问题，把“枫桥经验”坚持好、发展好，把党的群众路线坚持好、贯彻好。

习近平

二〇一三年十月九日

▲ 2017年12月10日，中共中央政治局委员、中央政法委书记郭声琨在诸暨市社会组织服务中心调研，娟子工作室负责人蔡娟向其汇报工作。

（图片来源于中华人民共和国公安部网站，2017年12月12日）

▲ 2018年2月26日，浙江省委常委、政法委书记王昌荣在诸暨调研，考察了娟子工作室。

（图片来源于浙江新闻客户端，2018年2月27日）

▲2018年5月5日，诸暨市枫桥镇人民调解员蔡娟编著的《枫桥经验之人民调解案例故事》一书举行首发式，国内多家媒体予以报道。该书由浙江工商大学出版社出版发行，是国内首例由基层调解员编著的关于人民调解案例的图书，具有一定的政策性、规范性、实用性和可操作性，是一本新时代传承、深化"枫桥经验"的好教材。

（图片由诸暨电视台记者拍摄、提供）

▲枫桥镇娟子工作室负责人蔡娟和枫桥镇永安社区党支部书记商讨社区家事调解工作事项。

（图片摄于2018年9月）

▲ 天津市宁河区举办新时代“枫桥经验”暨人民调解培训班。

▲ 敦煌市举办新时代“枫桥经验”暨人民调解培训班。

(2019年6月上旬和7月下旬，甘肃省敦煌市政法委和天津市宁河区政法委先后举办新时代“枫桥经验”暨人民调解培训班，两地的政法委邀请浙江省诸暨市枫桥镇娟子工作室负责人蔡娟同志到培训班，就坚持发展“枫桥经验”主要做法和人民调解工作专业知识、基层矛盾纠纷调解技巧等进行了专题讲授。图片由天津市宁河区委政法委和敦煌市政法委提供)

▲ 2019年4月25日，上海市青浦区朱家角镇政府举办"听老徐讲调解"暨2019年朱家角镇人民调解员专题培训。

（图片由朱家角司法所拍摄，许愿树提供）

▲ 甘肃省玉门市司法局开展"'局长当所长'防风险、保安全、护稳定、迎国庆"活动。2019年9月10日，局长苏明同志到基层参与重大矛盾纠纷调解。

（图片由玉门市司法局干部夏玉妹拍摄）

▲ 天津市宁河区丰台镇红色网格员开展日常治安防范巡控。

（图片由天津市宁河区丰台镇提供）

▲ 2019 年 5 月 26 日，天津市宁河区社区人民调解员调解一起邻里纠纷案件。

（图片由天津市宁河区芦台镇提供）

▲河南省清丰县举行2019年度“我的调解故事”宣讲总决赛。

（图片由蔡娟提供）

▲2019年9月，敦煌市沙洲司法所调解商家用电纠纷。

（图片由敦煌市委政法委郭继军提供）

# 序

◎ 杨仲坚

总结、推广新时代“枫桥经验”是摆在各级党委、政府特别是政法系统干部面前的新课题。2018年，是毛泽东批示“枫桥经验”55周年。自从2013年10月习近平总书记就坚持和发展“枫桥经验”作出重要指示以来，全国各地更加重视“枫桥经验”的宣传与推广，“枫桥经验”之花开遍神州大地，成为广大干部和人民群众的自觉行动。

成立于2017年的枫桥镇娟子工作室是枫桥镇委、镇政府顺应时代发展需要做出的战略决策。它从一开始就作为老杨调解中心的补充和加强，展现了新时期人民调解工作的亮点和特色，尤其是网上调解这种新方式，效率高、成本低，深受广大人民群众的欢迎和赞许。娟子工作室如今已成为宣传、推广“枫桥经验”的又一个阵地和品牌。随着《枫桥经验之人民调解案例故事》的出版发行，娟子声名鹊起。我曾写诗吟诵：“莫道春归红已尽，浣江大地吐新花。枫桥故事书声誉，娟子令名华夏夸。”

现在，娟子又把一大摞书稿送到我的案头，让我为这本书作序。我是一个退休干部，自觉为这样一本书写序还不够格。娟子的第一本书《枫桥经验之人民调解案例故事》的前言也是我推托再三而勉为其难所作。然而，面对这样一个有诚意，对事业如此执着的学生辈，我作为一个老师实在难以，也无法推却。

我与娟子相识相知于网络，至今不过三年。她的求知好学、积极进取、以诚待人及坎坷半生着实令人同情而又钦佩。孝敬双亲，爱护女儿，奔波操劳，敬业爱岗，友爱同仁，忠于事业，虚心求教等优秀品质值得赞许。我抱定宗旨帮忙，愿她走出困境，事业有成。随着第一本书出版，她的生活境况大有好转，精神状态也更加积极乐观。这自然也令我欣慰。

如今，她积极从事自己的本职工作，并与兄弟省市政法战线的领导及同事们齐心协力收罗征集各地材料，将成功实践“枫桥经验”案例及有关经验体会分门别类，汇编成书以飨读者，这无疑是件可喜可贺的好事。尤其是天津市宁河区委政法委高瞻远瞩，与娟子工作室合作开展“千里平安一线牵”平安建设课题研究。两家单位合作编写的这本书，实乃对习近平总书记批示坚持发展“枫桥经验”，不忘初心、牢记使命的最好学习成果。

这本书里不仅有娟子工作室等诸暨本乡本土的调解经验，还有兄弟省市地区的调解经验；不仅故事引人入胜，而且先进模范人物的光辉形象感动人心；不仅有浙江人续写“枫桥经验”的优秀篇章，还有天津、甘肃等省市谱就的辉煌乐章；不仅有一个个生动感人的案例介绍，还有一篇篇文章的理论剖析，读来如进宝山，光彩夺目，美不胜收。我相信读者都能从本书中受到教益。

值此新书付梓之日，我衷心地祝它顺利发行，再创辉煌！

2019年10月5日于诸暨

（杨仲坚，原诸暨市教育局副局长、文化局局长、市委党校副校长，《枫桥经验之人民调解案例故事》一书顾问）

# 自序

## ——此书献给中华人民共和国成立70周年

◎蔡　娟

2019年9月，中共天津市宁河区委政法委员会邀请娟子工作室共同合作，开展“千里平安一线牵”这一平安建设课题研究。该课题坚持发展新时代“枫桥经验”，从加强党对平安建设的全面领导、推动矛盾纠纷源头化解、打造精品服务社会组织、广泛发动群策群力等方面内容着手。其中一项内容就是合作编写一本传承创新“枫桥经验”，深化人民调解工作，推进社会组织参与基层治理方面的书。

党的十九大报告中多处提到社会组织要参与基层治理，而党建引领社会组织参与社会基层治理也是我们浙江和天津等地的先进经验。这次娟子工作室作为社会组织与天津市宁河区委政法委合作出书，希望能将我国社会组织在参与基层治理实践中获得的经验与大家分享。这是本书编写出版的初衷之一。娟子觉得，人民调解工作既是帮助他人，同时也是在推进平安中国建设。群众的小事，娟子和全体人民调解员都会当作大事和自家事努力化解，让群众可以时时处处感受到党和政府的关爱。这也是我们立足本岗，上为政府分忧，下为基层解愁的动力源泉。娟子曾经接到一位退伍老军人的来信，他反映因为发生意外以致生活困难。见信后，娟子捐助了1700元稿费给老人应急。在他去世后，2017年11月，娟子接到他外甥转交的信，老人家临终前用最朴素的语言表达了对党、政府和娟子的感激，并赠送给娟子一枚他退伍时获得的军功章作纪念。

在繁忙的调解工作之余，娟子喜欢记下每天工作的点滴。2018年，恰值毛泽东同志批示“枫桥经验”55周年，娟子编写的《枫桥经验之人民调解案例故事》一书出版了。该书出版后广受欢迎，很多读者建议娟子继续编写第二本书。最近，在“农民喜爱的百种图书”推选活动中，《枫桥经验之人民调解案例故事》位列政经类图书第19名。

2019年，娟子应邀去了甘肃的敦煌、玉门和天津的宁河区、静海区等地分享交流“枫桥经验”。每到一地，娟子发现当地党委政府对习总书记“坚持和发展枫桥经验”的指示都很重视，都在与时俱进、因地制宜地不断创新着“枫桥经验”。在“枫桥经验”发展得好的地方，社会基层治理都取得了好成绩。娟子觉得有责任、有必要把各地坚持发展“枫桥经验”的好做法介绍给读者。

于是，在编这本书时，娟子觉得应该将着眼点从“枫桥经验”的发源地诸暨扩大到全国。所以娟子就通过电话和微信联系曾经来娟子工作室交流过的甘肃、山东、北京、天津、河北、安徽、江西、广西、江苏、上海、河南等地及本省参观团的政法领导，请他们推荐当地人民调解方面的典型案例。各单位都纷纷响应，在此再次深表感谢！

诸暨作为“枫桥经验”的发源地，多年来，依靠和发动群众，以人民为中心，以平安为目标，秉持矛盾不上交、平安不出事、服务不缺位的理念，以坚持和发展“枫桥经验”为己任，创新形成了以“党建统领、人民主体、三治融合、四防并举、共建共享”为主要内容的新时代“枫桥经验”，构建“政治、德治、法治、自治、智治”五治相融合的基层社会治理体系。

“枫桥经验”已经成为我国基层社会治理的典型代表，备受党和国家重视。在调解工作和编写两本书的过程中，娟子重视学习习近平总书记关于坚持发展枫桥经验的重要讲话和中央发布的重要文件精神，不断加深对“枫桥经验”在基层社会治理中的重要意义和作用的认识。2018年1月，中央政法工作会议明确提出，要以总结、推广新时代“枫桥经验”为契机，提升城乡基层社会治理现代化水平。同年11月12日，中央政法委和浙江省委在纪念毛泽东同志批示学习推广“枫桥经验”55周年暨习近平总书记指示坚持发展“枫桥经验”15周年大会上提出，“枫桥经验”是党领导人民创造的一整套行之有效的社会治理方案，是新时代政法综治战线必须坚持、发扬的“金字招牌”。2018年12月28日起施行的《中国共产党农村基层组织工作条例》第六章“乡村治理”部分的第20条明确要求“推广新时代‘枫桥经验’，推进乡村法治建设，提升乡村德治水平，建设平安乡村”。实践证明，“枫桥经验”已不仅仅是化解矛盾的经验，也不仅仅是平安建设的经验，它已经成为中国共产党基层组织建设的有机组成部分，成为国家基层社会治理的一面旗帜。2019年2月，中央一号文件《中共中央、国务院关于坚持农业农村优先发展做好“三农”工作的若干意见》第六部分“完善乡村治理机制，保持农村社会和谐稳定”，要求“坚持发展新时代‘枫桥经验’，完善农村矛盾纠纷排查调处化解机制，提高服务群众、维护稳定的能力和水平”。2019年3月5日，“枫桥经验”首次被写入国务院政府工作报告。2019年10月，“枫桥经验”被写入国务院新闻办公室发表的《为人民谋幸福：新中国人权事业发展70年》白皮书，其中第四部分“切实保障人民各项权利”里面关于保障人民知情权、参与权、表达权、监督权中明确指出：“坚持和发展‘小事不出村，大事不出镇，矛盾不上交’的‘枫桥经验’，不断深化人民调解、行政调解、行业性专业性调解、司法调解衔接联动，完善矛盾纠纷多元化解机制，让群众及时、就地解决问题。”“枫桥经验”成为中国人权事业向世界展示中国方案的重要组成部分。实践证明，“枫桥经验”已不仅仅是化解矛盾的经验，也不仅仅是平安建设的经验，它已经成为中国共产党基层组织建设的有机组成部分，成为国家基层社会治理的一面旗帜。

在党的十九届四中全会上通过了《中共中央关于坚持和完善中国特色社会主义制度　推进国家治理体系和治理能力现代化若干重大问题的决定》(以下简称《决定》)，《决定》第九部分中指出：“完善正确处理新形势下人民内部矛盾有效机制。坚持和发展新时代‘枫桥经验’，畅通和规范群众诉求表达、利益协调、权益保障通道，完善信访制度，完善人民调解、行政调解、司法调解联动工作体系，健全社会心理服务体系和危机干预机制，完善社会矛盾纠纷多元预防调处化解综合机制，努力将矛盾化解在基层。”该论述精辟地指出了坚持发展新时代“枫桥经验”的方向和任务，标志着“枫桥经验”已经由基层社会治理的样本成为坚持和完善中国特色社会主义制度，推进国家治理体系和治理能力现代化的有机组成部分，上升为党和国家制定政策、做出决策的重要依据和基本经验。“枫桥经验”已经被提升到了国家治理战略的高度，具有划时代的里程碑意义。这给了编写组全体同人以巨大鼓舞和鞭策，大家将在党的十九届四中全会精神指导下，不忘初心，牢记使命，努力奋斗，砥砺前行，继续为坚持发展新时代“枫桥经验”，做出自己应有的贡献。

“不要人夸颜色好，只留清气满乾坤。”习近平总书记在十九届中共中央政治局常委与中外记者见面时，引用枫桥诗人王冕的这句诗结束自己的讲话。这个诗意的表达，告诉我们既要有从容清醒的定力，又要有埋头苦干的意志。基层是推动国家社会治理体系和治理能力现代化的重要基础和依托。娟子作为基层人民调解员，将一如既往地扎根基层，保持清廉的风尚和工作热情，不图名和利，继续奋斗在基层，为处理新形势下人民内部矛盾，创新调解方式，公平公正公开化解矛盾纠纷，完善矛盾纠纷多元化解工作机制。为构建基层社会治理新格局，增强人民群众的获得感、安全感和幸福感，贡献自己的绵薄之力。

2019年11月10日

# 目录

## 第一章 “枫桥经验”发源地娟子工作室的调解案例

## 第二章 “枫桥经验”在天津宁河



## 第三章 全国品牌调解室工作案例

## 第四章 “枫桥经验”人民调解工作在全国

# 第一章

## 『枫桥经验』发源地娟子工作室的调解案例

# 枫桥镇娟子工作室简介

浙江省诸暨市枫桥镇娟子工作室成立于2017年6月，这是枫桥镇以蔡娟个人名字“娟子”命名的以人民调解、妇女维权、家事矛盾纠纷调处为主要任务的工作室。党的十九大后，党中央高度重视社会组织参与社会基层治理工作。为了贯彻中央这一精神，枫桥镇委、镇政府、妇联加强对社会组织的建设和管理。2019年4月，娟子工作室在枫桥镇政府备案登记注册成为公益社会组织。目前，娟子工作室拥有心理学、法学等方面的顾问专家12人，兼职工作人员2名。

娟子工作室负责人蔡娟，大家亲切地叫她娟子。娟子当过人民教师，做过记者，担任过国家重点文物保护单位——江南巨宅千柱屋的讲解员，2015年至今在枫桥镇人民调解委员会做调解工作。娟子工作室成立伊始，就秉承人民利益至上的理念，常想百姓疾苦，时刻不忘为他们排忧解难。为了方便群众，娟子工作室开通了24小时为民调解热线——（0575）87981890，这是国内开通的基层第一条24小时公益为民调解热线。热线开通以来，老百姓只要有急于调解的矛盾纠纷或与此相关的问题，都可随时拨打24小时为民调解热线。对每个打来的热线电话，娟子工作室都登记在案，认真处理，做到件件有着落，落实后有反馈。老百姓称这条热线为“老百姓自己的热线”。“有事找娟子，拨一拨就灵”，这句话在本地已深入人心。如今，拨打娟子工作室24小时调解热线的，不仅有本镇、本市、本省的，还有一些省外的也拨打热线咨询调解方面问题。

娟子从事过多种职业，人生经历丰富，这成为她从事人民调解工作的有利条件。再加上娟子对群众满腔热情，对工作高度负责，老百姓把娟子工作室看作是自家的“老娘舅”。随着娟子工作室影响力的不断扩大，工作室承担的任务也多了起来。除了调解婚姻纠纷、家庭矛盾，帮妇女维权以外，邻里纠纷、交通事故、经济纠纷等案件当事人也找娟子来调解，而且调解成功率达百分之九十九。调解工作不仅增强了人民群众的安全感、获得感和幸福感，而且为社会和谐稳定，推进基层社会治理，做出了一定贡献。娟子工作室的调解工作得到了上下的认可，成为闻名遐迩的品牌工作室。在做好人民调解工作的同时，娟子工作室还通过多种形式开展普法宣传，提供法律援助，举办家政服务技能培训，积极参与诸暨市妇联推出的“七彩玫瑰”项目以及敬老爱幼、孝德文化宣传等公益活动。

打铁还需自身硬。为了实践和发展好新时代的“枫桥经验”，娟子特别注重学习，努力提高自身综合素质。她结合工作实际，认真学习习近平新时代中国特色社会主义思想，学习党和政府的方针政策，自修法律、心理学等方面的知识。2016—2018年，她还利用业余时间去攻读西南科技大学本科法律事务专业；2019年，成为浙江大学心理学系研究生。在工作之余，娟子勤于总结调解工作经验，本章介绍的调解案例，是娟子调解众多案件的一部分。

# 精准扶贫一线牵　一年成为致富人

2017年6月30日，娟子接到一个热线电话。因为这个电话，娟子工作室成就了一位普通妇女的创业之路。通过娟子工作室的牵线，这位妇女还解决了全村妇女的就业难题，使村里人和她一起致富。事情来龙去脉如下：

打进电话的是在诸暨某乡打工快10年的马大姐，她的丈夫双目失明，因为公婆相继离世，马大姐的儿子平时只能住校，双休日回家都没人照顾。为了不让孩子成为留守儿童，马大姐想回老家务农。马大姐是个聪明勤快的人，平日工作兢兢业业，老板想以不付余下的2500元工资要挟，留下马大姐。2500元对马大姐一家来说不是小数目。这天马大姐刚好听到诸暨广播台播出娟子工作室为民服务的故事，就打进热线，希望得到帮助。娟子被马大姐十年如一日照顾双目失明的丈夫和操持整个家庭的行为感动，马上答应帮忙。经了解得知，老板是党员，娟子一下感觉到调处难度小了，就跟老板说：“你是党员，我还经常从《诸暨日报》上看到你们村里经济发展的先进报道。马大姐现在遇到了这么大的困难，在诸暨像你这样的企业家都在乐善好施做公益，从人道主义出发，也得把钱付给她。娟子请你考虑一下，这件事如果被公众知道，你一定会声名狼藉！……”

听了娟子电话里的一番话，老板的态度当时就缓和了。当晚，娟子请老杨调解中心的调解员老杨和马大姐夫妇会合，带着起草好的收据一起去老板家结清了工资。

两个月后，马大姐耕完了地，打电话给娟子说，诸暨毗邻义乌，那里小商品经济发达，手工饰品尤其多，请娟子帮忙联系些业务，把饰品运到她老家进行加工。虽然不精通这项业务，但也难不倒娟子。通过浙江广电集团的FM93《浙江交通之声》播出马大姐的故事后，一位义乌手工饰品厂的老板通过栏目组把自家的饰品手工制作业务交给马大姐做。于是马大姐就在农闲时组织村里的妇女一起致富。一年后，马大姐家的毛坯房装潢一新，村里的妇女也赚到了工资，以往农闲时打牌、家长里短闹矛盾的情况大大减少了，整个村子变得更平安和谐了。

# 离异夫妻起纠纷　娟子调解息纷争

2019年1月，娟子工作室接到枫桥派出所移交过来的一件离异夫妻纠纷案。

枫桥镇某村的一对离异夫妻，女方是外地人，离异后由于在本地没有房子就在镇上租房住，后来她越想越委屈，就三番五次去找前夫，让前夫把房子楼上房间腾出来让她住。前夫说他刚想谈一个女友，怎么可以让自己前妻住楼上！就这样，女方就把门砸了，并且扬言如果不让她住，就烧了这房子。

要知道，农村的木结构房子是和左邻右舍连在一起的，这可把邻居给吓坏了。邻居就报警让枫桥派出所来处理。娟子接到接警处民警的电话后，联系上了女方。女方说她马上来娟子工作室说一说这事。听了她的诉求后，娟子建议她同前夫协商，让前夫补贴些租房费用给她，直到他们的小女儿成年。接着，娟子又与她前夫联系。电话里前夫不同意这个方案，扬言让前妻闹去，反正家里这老房子又不值钱。

协商未果，娟子就下村去他家看了现场。来到男方家中，娟子连说这老房子好值钱啊！门口的青石板在枫桥古玩市场就要卖3800元一块，那老屋厅上的牛腿（梁托）值10万元呢！男方一听，说原来这般值钱啊。娟子说最主要是你不补贴给你前妻点租房钱，她也不会罢休啊，老是吵吵闹闹怎么能重新过上舒心日子。后来在农历腊月二十五夜，娟子和村警一起帮他们调处好，达成一致协议。由男方每年额外补贴女方3000元房租费。

因为农村的房子不是商品房，夫妻离异后房子的分割是麻烦事。这类案子其实全国各地都有，由于目前农村离婚经济帮助制度还不够完善，这类案件调处起来难度很大。且看本书附录中由江苏省徐州市沛县人民法院李魁写的《浅谈离婚经济帮助制度的不足与完善》。

# 意外事故陷低谷　娟子助他重飞跃

2019夏天的一个上午，打进来一个热线电话，对方请娟子工作室帮忙推销凉席。娟子婉言拒绝道：“热线不解决产品营销问题。”对方迟疑了片刻，说道：“娟子姐姐，我是小汤，2017年你请枫桥的志愿者们帮助过我家的。我现在身体好多了，2018年你帮我对接电商骆大哥后，我后来一直在家做电商，这段时间在帮亲戚卖凉席。”听了小汤的讲述，娟子想起来了。2017年，小汤大学毕业拿到文凭的第二天，回家帮忙拆违建，一不小心从楼上掉下摔成了重伤，医药费花去40多万元，还留下后遗症。小汤父母就找到刚成立的娟子工作室寻求帮助。记得第一次娟子上门时，看到小汤精神抑郁，起不来床。和他说话，也未回应一句。当时娟子心里一颤，很是伤感，心想：这位25岁的大学生难道后半生就要整日与床为伴了吗？离开前，娟子拿出了半个月工资给小汤父母，让他父母给他买点营养品。小汤父母说小汤一个月要去医院康复体检一次，家里没有车，很是不便。他们夫妻两人24小时轮流织布，家里也没个人和小汤聊天开解，这段时间小汤的话也就越发少了。过了几天，娟子带上枫桥镇义工联合会和枫桥大妈联合会的三位志愿者（一位志愿者有车，一位是医生，一位是纺织厂老板）第二次来到小汤家。娟子让小汤和大家一起坐在客厅聊天。娟子对小汤父母说，以后你们去医院做康复要用车随时联系这位枫桥志愿者；平时康复中有医学问题就咨询这位医生志愿者；如果家里低保不够用，经济上有急用时就找这位纺织厂老板。小汤父母听了很感动，千恩万谢，说枫桥镇政府真好。过了3个月，小汤妈妈说儿子小汤开朗多了，生活也有规律了，也会重新用电脑帮家人买衣服了。娟子听了很高兴。娟子第三次来到小汤家，对小汤说："你既然会上网买东西，那你也一定能学会网上卖东西。根据你现在身体的实际情况，我建议你做电商吧。"他们一家连连说好，但也犯愁，卖什么东西好呢。娟子忽然想起枫桥红枫义警有个志愿者是做电商的，在网上卖沙发垫子和车座垫子，一年能挣20万元左右。娟子就带上小汤母子直奔这位电商老板家。这位老板很热心，一听是娟子对接的，他们夫妻就爽快答应了教小汤电商知识。快过年时，小汤父母来找娟子，给娟子带来了一只鸡。他们很高兴，说儿子现在做电商卖枫桥特产，生活重新步入正轨，感谢娟子和志愿者们当初帮他家走出困境。小汤父母说，让儿子小汤也做娟子工作室志愿者吧！今天接到小汤的电话后，娟子很高兴，因为一个起初抑郁、不愿和人讲话，把自己关在房间里整天躺着的，让父母担心他日后怎么办的人，今天能自食其力、努力生活了。

# 兄弟争议为一树　微信调解达协议

2018年6月8日，枫桥镇某村的曹某德向娟子工作室反映：其堂弟曹某伟宅地门前西南角与他家东房后东南墙角处有一棵曹某伟父亲30年前栽植的杨树，树冠足有15米，树枝越过房顶伸到他家院内，长期遮阴影响通风透气，致使北房梁、椽等木料腐烂，而且每遇雨雪天，严重威胁生命财产安全，曹某德家人害怕不敢居住。今年雨水频繁，屋面多处漏水，屋内家具及被褥发霉，身体健康受到威胁，给生活带来了不便。曹某德在与曹某伟协商无果后，找到娟子工作室希望能给予调处解决。

娟子受理后，先到现场确认，发现曹某德反映的情况属实，但他堂弟曹某伟及家人长期外出打工，无法进行面对面调解。于是娟子主动建立调解微信群，当事人曹某德和曹某伟为成员，用聊天方式进行微信调解。在微信群里调解的同时，娟子还分别与两位当事人进行单线微信沟通。

最终，经过娟子反反复复劝导，曹某伟同意进行部分砍伐清理，消除多年的隐患，并承诺这块位置以后不再栽树，避免因遮阴与堂兄闹别扭，影响两家间的和睦。但曹某伟提出需要堂兄曹某德配合砍伐杨树。因杨树生长位置特殊，当事人贸然砍伐不仅会破坏房屋结构，还会对人身安全造成威胁，若找专业砍伐人则需支付工资300元。双方在微信上承诺：曹某德表示愿意支付砍树所需的人工费，找专业人员进行砍伐作业，减少安全隐患。砍下的杨树按市场价格计算，圆木材400元/立方米，杨树目测有0.8立方米左右，可卖300多元。卖树所得的300元，归曹某伟所有。此纠纷通过微信调解顺利了结。虽然双方当事人没有和调解员面对面，但同样达到了化解矛盾纠纷、化干戈为玉帛的圆满结果。

本案通过微信平台上背靠背，键对键“1（调解员）＋2（双方当事人）”的调解法调处，也就是调解员和两位当事人建群共同探讨，达成共识。调解员对双方当事人分别进行情绪疏导后，再交换个人意见，进而交流形成统一思想，把达成共同意愿的内容提交到群里面，形成协议条款。最后，微信调解内容被截屏打印，存入档案。微信调解方便、快捷、真实，不需要当事人亲自到场。本案运用现代化的调解方式成功化解纠纷，方便了双方当事人，使矛盾纠纷调解做到当事人“一次都不用跑”。

# 精心调解见成效　平息信访源头好

常言道，冤家宜解不宜结，说说容易做做难。乡村里，为芝麻绿豆点小事闹得不可开交的事也很多。

枫桥镇某村，村民张某夫妇与李某夫妇原是宗亲且又是邻居。近邻近亲，本该和睦相处，谁知两家势同水火，形同陌路，十余年来矛盾不断，甚至于发展到一方打市长热线去"告状"。

到底是什么事情使得两家关系如此紧张呢？原来是为屋前公共区域使用及道路出入这个问题。屋前公共区域只有使用权没有所有权，道路就更不必说了。如果两家能互相礼让，根本不存在问题。可是今天一方想晒谷，却偏遇上另一方已在整个空地上摊上了柴；明日一方要从右边出去，可路上早就被另一方堆满杂物草料。双方谁也不肯相让，于是争执不休，发展到谩骂推搡。

两家不睦在村子里尽人皆知，双方自然想找村委会协调解决。村委会让双方坐下来，别再这么僵持吵闹下去。谁知双方当着村委会主任的面又互相谩骂起来，几乎发展到要打架的地步，总算被几个村干部劝住，调解自然无果。

张某一方见村里调解不成，于是到镇政府、市信访局投诉。

案件转到娟子工作室。娟子工作室负责人娟子和志愿者调解员吕小祥马上下村联系村主任，来到两户当事人家里，分别征求当事人对此事的处理意见。在了解矛盾的源头后，又实地踏勘丈量了现场。在了解双方的分歧后，调解员根据求同存异的原则，又依据相关法律法规，提出了处理方案。这时，双方当事人的怒气得到平息，调解员又三番五次背靠背说和，彼此做出了让步，对公用区域的使用方案达成共识，并且当场签订了调解协议书。就这样，相争的邻里纠纷终于画上了句号。

常言道：公生明，廉生威。其实，老百姓还是讲道理的，从法制的角度和伦理道德入手，只要你出于公心，能一碗水端平，讲道理、摆事实，处理这类民间纠纷也不难。

# 婚姻登记没成功 “嫁妆”要回找娟子

2018年4月的一天，张大姐和女儿小毛找到娟子工作室，张大姐一进门就说：“娟子，是村里让我来找你的，我女儿的事你可要帮我们维权！尤其是这嫁妆，你一定要帮我们拿回呀，我们女儿太委屈啦!”说着张大姐就放声痛哭起来。

原来，小毛和邻村小骆经人介绍谈了三个月恋爱，小毛父母觉得小骆人还可以，虽然家境没有女方好但还是很中意。这样小骆顺理成章就住到小毛家去了，考虑到小骆工作需要，小毛父母还把自家的一辆面包车给小毛送快递时候用。

半年过去，小毛怀孕了，小毛父母提出双方可以结婚了。农村里有先办酒席，后登记的风俗。于是，男女双方都办了婚宴。女方不仅没有向男方索要一分钱彩礼，还置办了3万元嫁妆送到男方家。此事本该有美满的结果，但接下来发生的事却让小毛和父母焦急万分，气愤至极。

原来办完婚宴后，小毛在小骆家住了几天后又回到娘家住。但自从小毛回娘家后，小骆就不再和她联系，也不再上小毛家。就这样过了两个月，小毛父母急了，就托当初的介绍人去向小骆家了解情况。原来嫁妆送到男方家时，男方在一只皮箱里发现了一本显示女方智力方面有问题的残疾证。这让男方心里很是不舒服，回想平日里两人相处点滴，越觉得女方智力有问题。考虑到女方已怀孕，害怕到时再遗传给孩子，所以男方望而却步，决定不再和女方联系，毕竟两人也未办理婚姻登记手续。

小毛自小沉默寡言，读书考试常常挂红灯。小毛父母也觉得自家女儿与寻常女孩有异，于是在女儿初中毕业后到民政部门领了本智力残疾证，还享受了残疾方面的补贴。当初小毛和小骆谈恋爱时，也确实隐瞒了这一情况。

在小骆两个月不上门后，小毛父母当机立断让女儿去医院终止了妊娠。小毛父母觉得既然缘分已尽，双方分道扬镳也是可以的，但嫁妆要拿回来。男方不同意，说女方家骗婚致使他家办酒席也损失了好几万元。对此，女方心里很是委屈，办酒席自家也是花了钱的，现在结亲不成，女儿为此终止妊娠，在精神和心理上都有了创伤，所以女方认为嫁妆一定要退回来。

娟子马上联系了男方，男方表示大家好聚好散，在与女方共同生活期间，自己还买过一枚金戒指给女方，价值1600元。而且平时买菜等日常花销也是他在支付。现在这戒指他也不要了，至于嫁妆，男方父母认为自家办酒席花了钱，嫁妆就该作为补偿归男方家。娟子经过分析认为，这事一定要及时了结，不然容易引发两家上门吵架的恶性事件。娟子马上联系上双方所在村的村警，凑两个晚上分别和他们一起上门去男女方家做调解工作。因为农村里晚上村民们都各自在家看电视或早早休息，这时上门去调解，当事人觉得会安全隐秘点。村警陈招龙是位老调解员了，他对男方父母说，既然这个儿媳不要了，那么就快刀斩乱麻。娟子还举了个刚刚上月调解过的类似案例，努力做男方工作，提出当初女方也是真心想嫁给他，还为此怀了孕，建议除了将嫁妆还给女方外，还该补贴点营养费给女方。

大家在同一个镇上生活，以后见面也省得成仇人。男方父母听了娟子和村警陈招龙的话后，觉得通过这个平台了结此事也好。

娟子对女方说，早一天了结此事，早一天开始新生活。女方同意如此调解，并且愿意把之前男方赠送的戒指还给男方。

又找了个合适的时间，娟子和两村村警及女方一家上男方家搬回了嫁妆，男方还主动拿出了800块钱给女方。双方面对面签了一份案结事了的协议。

因为当事人小骆是从事快递工作的，娟子还把工作室的快递业务交给了他。女方父母也觉得这件事处理得很利落。双方都加了娟子微信，成了娟子的朋友。

到了2018年过年时节，小毛母女俩又来到娟子工作室，给娟子带来了一个好消息和一盒喜糖，说女儿找到新的归宿了。吸取上一次恋爱的教训，小毛母亲还根据娟子建议把女儿的低保和残疾证取消了。因为娟子告诉小毛母亲，小毛其实很正常，不爱说话是她个性而已。

# 家庭和睦万事兴 娟子帮助促和谐

2018年春天，正值江南茶叶采摘的季节，娟子成功调和了一对分居两年的夫妻。娟子调解成功的当事人孟师傅家里是做汽配生意的。孟师傅儿子厂里生产的汽配产品都和枫桥另外几家企业一样发往越南等“一带一路”沿线国家，生意兴隆。

孟师傅夫妻因家事纠纷分居两年，他们的儿媳已怀了二胎，大孙女在上幼儿园大班，家里还有位年近九旬的老奶奶。家庭的实际情况需要孟师傅身体健康的妻子回家照顾，他妻子想回来但又拉不下面子。后来经过在镇政府打扫卫生的阿姨介绍，她来到娟子工作室寻求帮助。

娟子为了使他们夫妻重归和睦，一家团圆，前后一共做了七次调和工作。

第一次孟师傅妻子来娟子工作室时，她告诉娟子，为了儿子她想尽快回家，但又怕丈夫孟师傅不改旧习。娟子做了她思想工作后让她先回单位上班。

随后，娟子上门去孟师傅家，拍了几张她儿媳挺着孕肚干活和孟师傅老母亲干家务煮春笋的照片。借机也做了孟师傅和他儿子、儿媳的工作，希望他们摒弃前嫌，与孟师傅妻子重归于好。

第二天，娟子把在孟师傅家拍来的照片和视频拿给孟师傅妻子看，劝她早日回家一起共建幸福家园。经过娟子来回奔波做工作，双方都打开了心结，最后娟子把孟师傅妻子带了回家，夫妻总算破镜重圆。后来，他们儿媳生了个儿子，孟师傅妻子就在家安心照顾孙子孙女，一家人和乐安康。

到了2018年夏末葡萄采摘季节，孟师傅夫妻提着葡萄来感谢娟子；到了鞭笋季节又拿来鞭笋感谢娟子：所以老百姓是最懂得感恩的。2018年10月份，“枫桥经验”55周年拍宣传片，孟师傅夫妇还友情出镜，以案说法宣传“枫桥经验”基层调解在为百姓排忧解难、为社会维稳方面发挥的巨大作用。

2019年的一天，孟师傅夫妻又来娟子工作室，说孙子8个月多了，儿子生意又好，家和万事兴真的是对的。后面，每每碰到夫妻闹矛盾，娟子总是告诉他们莫急莫怨，娟子工作室慢慢给你们调和，我们有调和好的幸福家庭样板。

# 夫妻误会引争吵　娟子调处解纠结

“娟子，你看看，她把我打得鼻梁都歪啦！哎哟……你看看和这种老婆要不要过下去！她昨天还跑来恶人先告状，今天你一定要为我做主！这次我实在是忍无可忍了！”2018年暑假的一个傍晚，枫桥镇娟子工作室走进一位遭受家暴、情绪激动的男子。娟子看到该男子不仅鼻子受伤了，眼睛下面还有乌青。

浙江官方媒体2019年3月公布的数据显示，2018年浙江妻子家暴丈夫的案件数量第一次超过丈夫家暴妻子的。娟子工作室去年接访的两起家暴案子都是丈夫遭受妻子家暴。丈夫遭受家暴一样可以向妇联等部门反映，寻求帮助。

见男子怒气冲冲，娟子赶忙说：“小张，你先坐下来，喝杯茶，昨天你妻子小红到娟子工作室诉说你们的家事纠纷，今天不忙的话，我也想听听你这方面的说法。”小张说，他和小红是安徽老乡，10多年前来枫桥一家纺织企业务工。后来两人在工作中互生爱慕，就在枫桥结婚生子并且买房定居了。去年开始，小张因工作需要和同事梅子一起被派往广州分公司工作。小张每月会回一趟枫桥的家，工资80%上交妻子小红，小红则在家边工作，边照顾两个孩子。

这次回家，小红发现小张刚进家门，他的手机微信就响了。

小张没来得及跟小红打招呼就立马回复微信。本来就因两个孩子玩闹而心情烦躁的小红见小张回家都不看她一眼，气不打一处来，立马夺过小张手机，看到刚才回复给同事梅子的信息："我也刚到，明天一同打的到机场。"小红一怒之下就把小张的手机给扔了。小张一看手机扔地上，很心痛，马上说小红有毛病啊。一来二去，小红说今晚不做饭了，让小张和那个梅子去外面吃，自己带两个孩子回安徽老家！小张说小红这是无理取闹，他明天和同事一起打的去机场，还不是为省钱。小红说自从小张和梅子一起被派往广州，今年自己心里就没舒服过。小张听了这话感觉受到了冤枉，马上说工资每月交给她，还想怎样？说完，小张就自顾自回房间去，谁知小红一把抓住小张，说今天他不能住家里，两个人就拉扯起来，小红压抑的情绪一下子爆发出来，拿起桌上孩子的玩具劈头盖脑地砸向小张。

吵完架，小红跑到娟子工作室，让娟子帮她打电话给小张单位的领导，申请让小张回枫桥总部上班，再打个电话给梅子让她从此不要和小张联系。娟子先是安抚了小红的情绪，认为等听完小张的说法后再打这两个电话也不迟。

分析了夫妻俩的说辞后，娟子觉得这起家事纠纷主要是夫妻半年来缺少交流和沟通造成的。娟子告诉小红，家暴行为是触犯法律的。组建家庭不容易，家里的事项、孩子的学习生活情况及自己的想法都应该及时与小张沟通。娟子又跟小张说："你常年在外，妻子既要工作，又要照顾孩子，你要体谅她的不易，所以和异性同事之间的接触，能避免就尽量避免。"还有娟子建议小张工作也不要太辛苦，不要为了外地待遇高而忽视家庭，毕竟千辛万苦挣钱也是为了家庭幸福。

2019年新年，娟子回访小张一家。小红说今年小张回到枫桥总部工作，自己的负担相对减轻很多。前两天，她还网购了一本娟子的《枫桥经验之人民调解案例故事》，学习遇到矛盾时怎么理性解决。娟子说，墙上的《家和万事兴》的十字绣很好。小张说是小红绣的。娟子说，每天看看必有收获。

# 孩子抑郁欲跳楼　娟子帮忙促健康

孩子是祖国的未来，孩子的健康成长是每个家庭关注的重点。娟子工作室接到的热线中关于孩子成长的问题占了20%左右。

2018年11月的一个周末，娟子正在家搞卫生，突然接到娟子工作室转到手机上的一个热线电话。电话是枫桥镇红枫义警陈荣周打来的，说邻镇有位朋友的孩子欲跳楼！朋友说让娟子快点来！娟子扔下拖把就按陈荣周说的地址往孩子家赶。赶到时，陈荣周和几个志愿者已到，要跳楼的女孩已被他们劝到沙发上躺着。娟子觉得孩子的生活应该是阳光灿烂的，不会无缘无故地跳楼，应该找到事情的根源。

娟子安慰了孩子的父母后，耐心地和孩子的母亲拉起了家常。原来，这个孩子今年读初三，原本成绩优秀，开学后迷上了玩手机，常常玩到深夜，这样白天学习肯定受影响。期中考试时，她做完试卷就趴在桌上睡着了，监考老师走过来问她试卷检查了没，她说检查过了。谁知考试结果一出来，这门课考得一塌糊涂，老师就当众责问，还要取消她去市里比赛的资格。孩子一听，第二天开始就不去上课了，在家成天玩游戏。父母发现后，就去找老师，让老师劝说她回校读书，但她仍旧不肯上学，待家里继续玩游戏。

一晃两个月过去了，这天上午10点，父亲因为前一天工作受伤在家休息，见时间已不早了就叫孩子起床，可孩子置之不理仍躺在被窝里玩手机游戏。父亲本来就因身体不好而心情很坏，终于火起来，就掀开孩子的被窝拖她起床。谁知拖到窗口时，孩子就跨上窗台，挣扎着要跳楼。娟子听完孩子母亲的诉说后，又仔细看了看躺在沙发上的孩子，看到孩子脖子上满是污垢。孩子母亲痛苦地跟娟子说，自迷上手机游戏后，孩子的睡眠也不好，人也邋里邋遢，这可怎么办呢。娟子一想，这手机瘾应该找专业的心理医生诊治才行。娟子当场拨通了娟子工作室的心理学专家顾问、绍兴市第七人民医院田国强书记的热线电话，向田书记反映了孩子的症状。田书记建议带孩子去他们医院看看。第二天，娟子陪孩子和孩子的父母到医院找了心理医生，安排孩子尽快接受治疗。

2019年正月十六，新学期开学那天，娟子电话回访了孩子家长。孩子的母亲说，经过快两个月的治疗，孩子精神状态好多了，已重新喜欢去学校读书啦。上午就去报好名，感谢娟子惦记。

# 孩子在校受伤后　巧妙调解来了结

在编写这本书的时候，陕西省西安市高新第一中学的一位老师给娟子来电，建议娟子把调处学生在校意外受伤的案例编进书中。其实，在娟子工作室成立的第一天，娟子就调解了一起因孩子在学校受伤，学校与家长间产生矛盾的纠纷。

2017年6月底的一天，一位陈姓家长找到娟子工作室，说孩子3月份在学校受伤，和校方就赔偿问题无法达成一致，请娟子工作室出面帮忙协调解决。娟子详细询问了事件发生的整个过程：陈先生的儿子小陈在某所学校读小学一年级，3月的一天，小陈正踩在一条板凳上擦黑板，突然一不小心从板凳上摔下来，一头磕在旁边另一条板凳上，顿时鲜血直流，老师知道后马上送小陈去医院救治。

4月的时候，陈先生带儿子来调委会进行调解，当时指着小陈还未完全愈合的伤疤说，孩子需要整容，要求学校赔偿给他家11万元。这个要求当然是天方夜谭，所以调解中止。

娟子看到这次陈先生没带孩子来，估计孩子的伤口已经愈合了。娟子就通知学校负责人过来一起坐下来处理这个事。娟子让陈先生拿出他孩子看病的医疗费单据，计算了一下，小陈花去医疗费共计2000多元。这下娟子对调解这起案子心里就有底了。

娟子跟陈先生说，调解是建立在法律依据、人道主义精神及实际情况的基础上的。现在孩子已恢复健康，医疗费单据也摆在眼前，这个纠纷案还是尽快了结为好，一是学校快放假了；二是尽快处理此事，你们一家人也好心安。根据有关赔偿补偿标准，医疗费、营养费、交通补贴费等加起来5000元左右。再说，这事是意外发生的，双方应该互相理解。校长表示上次家长提出要学校赔偿11万元，这肯定是无法满足的，建议家长走司法途径解决。娟子向校长分析了此事不调解好对学校教学工作的负面影响，最后促成家长和学校达成一致意见。此案得到圆满解决。

在学校若发生意外伤害案，校方一定要及时处理，积极应对，态度要诚恳，不急不躁，把握语言技巧，以理服人。家长在家里也要对孩子进行安全教育，尤其是小学生，他们活泼好动，但由于身体协调性差，缺乏自我保护意识，常常不能预见自己的行为会产生什么样的后果，一旦发生意外，作为家长，要从有利于孩子成长的角度出发，配合学校一起积极解决问题。

# 一个巴掌生怨仇　志愿者积极来化解

在婚姻家庭纠纷调解工作中，志愿者的积极参与对平安家庭创建可以起到以点带面的好作用。娟子工作室除了娟子是专职家事调解员外，其余两位是兼职调解员。在日常的调解工作中，娟子更多是和各方具有特长的志愿者一起调处纠纷。这也是“枫桥经验”依靠和发动群众的理念。在娟子工作室中有位志愿者叫蔡旺慧，她就经常志愿参与调处工作。下面这个就是娟子和蔡旺慧一起调处成功的案例。

2018年冬天的一个下午，娟子工作室接到一个热线电话。打来电话的是李阿姨，她说昨天和丈夫吵架了，心里很是气愤，真想搬去自己亲生儿子家，一走了之，眼不见心不烦。娟子知道此时李阿姨心里肯定很纠结。所以，娟子觉得应该尽快帮李阿姨夫妻调处一下，就叫上志愿者蔡旺慧直奔李阿姨家。

到李阿姨家时，见李阿姨正在客厅里坐着生闷气，她的丈夫老许则在厨房间烤番薯干。看到娟子他们进门，李阿姨马上迎上来，说：“真想不到这么冷的天你们还亲自登门，快喝杯热茶。”娟子就让李阿姨说说到底心里有何委屈。

原来李阿姨和现任丈夫老许是半路夫妻。双方婚前都各自有一个儿子。老许的儿子结婚后和他们一起住，因为老许的儿子、媳妇工作都很忙，李阿姨就帮忙照看他们的孩子。小两口和李阿姨相处得很好，对她很孝顺。李阿姨自己的儿子在杭州创办了一家企业，经常要出国谈生意，还未婚，对李阿姨和老许也都很孝顺。

李阿姨说昨天又吵架是因为烤番薯干的事。因为下雨，番薯干晒不了，所以李阿姨就用火烤。但老许认为天气预报说后天就晴了，番薯干大可后天再晒，不用浪费炭火来烤。就这样，你一言，我一语，两人就吵了起来。李阿姨脾气性格有点暴躁，在争吵中失手打了老许脸一下。老许一急，就拿起番薯干一下子全部倒在了水缸里。结果，两人打成一片，还惊动了110!

事后，李阿姨想去杭州儿子家，但又放不下老许儿子的孩子，所以李阿姨就打了娟子工作室的电话，想让娟子给老许好好上上思想教育课。娟子和志愿者蔡旺慧分头做了李阿姨夫妇的工作。娟子对李阿姨说："番薯干今天老许已默默在烤干中，组建家庭不容易，半路夫妻更加不容易，多想想好的时候。你脾气也要改一下，最起码从这件事中可以看出老许是勤俭持家的。"志愿者对老许说："李阿姨虽然平时脾气有点暴躁，但她一心一意帮你照顾孙子，所以大家都要相互体谅。"

经过调处，李阿姨夫妇重归于好。临别时，夫妻俩还送娟子两人到村口。过了几天，李阿姨还拿了番薯干到娟子工作室表示感谢。娟子说做土特产不容易，就在微信朋友圈帮李阿姨卖了番薯干，第二天把卖番薯干所得的100块钱还给了李阿姨。

# 未婚先孕麻烦事　寻求帮助尘埃定

2019年春节前，娟子工作室接到枫桥一个村妇联主任打来的热线电话。这位陈主任说，他们村有位杨大妈的女儿未婚先孕，怀孕已经将近7个月了，现在这对年轻人却产生很大的矛盾，并且没有和好的迹象，请娟子帮助调处一下。

接到陈主任的电话后，娟子联系上了这位杨大妈。杨大妈在电话里说：“这事真是三两句话说不清楚啊。女儿的事可把我们两口子给愁坏啦，这眼看年后孩子就要出生了，你让我们做父母的能不急吗？”杨大妈电话里语气都透着焦虑和悲伤。娟子挂了电话后，决定叫上志愿者黄剑英一起到杨大妈家去。当两人来到村口时，杨大妈夫妻已经冒着寒风等着了。四人进了家门，杨大妈就说起了自家女儿的恋爱经历。女儿小方以前有过一次婚姻，但因结婚三年没怀孕，后来就离婚了。去年谈了一个宁波的小伙，叫小周。现在女儿怀孕近7个月，本来订好下周腊月十八结婚的，可最近一个月女儿的对象小周没上门过，连刚过去的元旦都不见他来。女儿也是个性固执，自尊心很强的人，你不理我，我就不睬你。可这结婚的日子都定了，两家人的别扭可得尽快解决啊。

娟子和志愿者黄剑英觉得这事得和小周尽快沟通，如果双方没有什么不可化解的矛盾，就应该尽早登记结婚，让有情人终成眷属。娟子和志愿者黄剑英回到办公室后，分头用微信和电话联系上了小方、小周及小周爸爸。并了解到如下情况：小周也有过一次婚姻，和前妻育有一女，女儿现已三岁，由前妻抚养。小周认为小方很不信任他，前段时间车子去保养时，发现车里装了窃听器，据他推测是小方所为。小周爸爸也对女方父母提出的10万元酒席礼金不是很赞同，认为没必要这么铺张，登记结婚后，办两桌酒席宴请双方的主要亲戚即可。小周和小方一个月前就为此事争吵了一个晚上，最后女方离家出走。小周曾经打了3天电话，发了100多条微信给小方，可她就是不回复。小周妈妈也说已经把小方当作自己家人看待，为此，她还备好许多补品期待儿媳妇元旦放假去他们家。但元旦期间，两个年轻人都借口加班，没回来。根据这些信息，娟子经过分析研判，厘清了调解思路：一是了解矛盾双方到底有没有要携手终身的意愿；二是以婚姻家庭咨询师的身份对双方进行了婚恋观的疏导；三是做好双方家长工作，让他们认识到在新时代移风易俗大背景下，到底彩礼和酒席重要还是婚姻幸福重要。

经过5天线上线下不间断地调和，杨大妈一家和小周一家终于在枫桥假日餐厅会面，并当着调解员的面达成以下意向：小周、小方尽快登记结婚；在宁波的酒店一起办几桌酒席宴请两家亲戚；小周父母把老房子过户到小周夫妻名下。因为家事调解的特殊性，本案不制作调解协议。

2019年，春暖花开的3月，杨大妈托村妇联陈主任给娟子带来了一份她女儿的喜礼。娟子打开一看，里面是一张婴儿的照片。娟子把这张照片放进了娟子工作室的档案里。

# 第二章

# 『枫桥经验』在天津宁河

# 坚持党建统领　推进基层治理现代化

天津市宁河区委政法委　于　洋

近年来，随着城镇化建设进程加快，城乡成为人口的集聚点、经济的发展点、矛盾的交汇点、治理的着力点，这给基层治理带来了新的挑战。面对新形势、新问题，我们立足体制机制创新，坚持一手抓基层党组织建设，一手抓创新社会治理，打造了“以党建为统领、以红色网格为底座、以信息化为支撑、以综治中心为大脑、以责任落实为保障”的新型治理格局，为平安宁河、法治宁河建设注入新动能。自2017年以来，全区实现危害国家安全事件、“民转刑”命案、进京非访、群体性事件、重大治安案件五个“零”发生，98.2%的村（社区）达到“三无”村（社区）标准。

## 一、突出到边到底，构建全覆盖红色网格组织体系

一是树起党建引领“一面旗帜”。厚植党建土壤和红色元素，把加强党的全面领导作为推进网格化服务管理的核心，把党组织建在网格上，把党小组建在网格中，全区在党员联系户基础上划分成2981个网格，确保不留“真空地带”，不漏“死角盲区”，编织了政府不多花一分钱群众、不多跑一步路的党群

“连心网”，实现了网格划分到哪里，党的领导就延伸到哪里，服务群众就跟进到哪里。

二是建立三级网格中心。以扁平化指挥、制度健全、手段先进、责任明确和矛盾纠纷快速解决为目标，建立区、镇、村三级综治网格中心，实现“基层吹哨、部门报到”，使传统、被动和分散的管理逐步转变为现代、主动和系统的服务管理，采取“中西医结合”手段，彻底改变“头疼医头、脚痛医脚”的管理模式。三级网格中心统筹网格化服务管理工作，调度网格员排查社会治安隐患，处理公共服务事项，化解矛盾纠纷，构筑起基层社会治理的前沿阵地和平安建设的信息网络。

三是实行网格长负责制。三级党组织书记兼任红色网格长，区委书记任全区网格总指挥，在加强基层党组织建设、党员队伍建设的同时，真正负起平安建设、法治建设责任，推动红色网格建设，并作为一名普通党员主动参与平安宁河、法治宁河的建设，确保了红色网格建设领导有力、运转高效、群众满意。

## 二、突出共建共享，构建全科红色网格治理体系

一是精选红色网格队员。在基层党员队伍中精选3065名党员为红色网格员，因地制宜组建网格党组织，将组织嵌入网格，党员力量下沉到网格，职责任务落实在网格。在红色网格员家门口挂牌子，通过二维码形式，开展亮身份、亮家风、亮承诺、亮职责、亮业绩等“五亮”活动，将网格服务阵地前移，让群众随时随地都能找到身边的贴心人。

二是实施“一套网格管全部”。将党务工作者、环保网格

员、湿地巡查员、城市管理员、社区工作者、物业管理员、残疾人专员等七支专业力量共1032人整合到一个网格，与3065名红色网格员、2.52万名平安志愿者形成互补互促的治理体系，形成了服务热线、手机网络、意见箱、民意会、走访“五位一体”的民意通道，实现“人在格中走、事在格中办”，彻底解决了条块分割、各自为政、资源浪费、信息不畅、治理不力、群众不满意等问题。

三是凝聚社会组织力量。在党组织的直接领导和红色网格员的带动下，完善三级平安志愿者组织管理体系，成立1个区级支队、14个镇级大队和287个村级中队。老党员、长辈、退休干警、乡贤等社会力量发现问题在街头、调解纠纷在地头、化解矛盾在炕头、党的政策送心头，成立调解组织368个、村（社区）调解室132个、治安巡逻队287支。2019年以来，各类社会组织累计参与志愿服务1.2万人次，开展平安建设宣传2200余次，化解矛盾纠纷2750件。

## 三、突出基层基础，构建全方位红色网格保障体系

一是完善综治中心建设。14个镇、287个村（社区）按照三级综治中心规范化建设要求，都建成了面积不少于300平方米的综治中心，通过整合各职能部门力量，实现“3＋N”模式良性运转，解决了群众办事“摸不清门、找不到人”的难题。三级综治中心都具备了完整的职能部门力量、先进的信息化设施，切实打通了联系服务群众的“最后一米”。

二是健全考评奖励机制。制定了《宁河区红色网格员考核奖惩办法》等文件，明确了公共设施、市容环境、道路交通、

治安隐患、刑事案件、表扬表彰等六个方面考评内容；网格平台系统自动生成10—1000分的评判标准，为科学评价社会治理工作实绩提供了依据。推行“五星级”考核办法，以实际分数定星级、定奖励，通过手机微信红包和支付宝等方式领取相应金额的奖品，激发红色网格员立足岗位、发挥作用。

三是落实财政保障机制。出台了《关于坚持党的全面领导推进红色网格建设的指导意见》，从人力、物力、财力上优先保障综治、网格中心建设，将红色网格运营发展经费纳入年度政府财政预算，为红色网格员、平安志愿者制作了上岗证件、执勤马甲、小红帽、红袖标等上岗执勤的统一标识，落实奖惩机制，树立先进典型，激励担当作为，使红色网格员成为带动广大群众参与社会治理的强大力量。

## 四、突出信息建设，构建智能化红色网格支撑体系

一是建设“雪亮工程”。将红色网格体系建设与智能化建设相结合，对全区视频监控点位进行优化调整，新增社会面监控探头1157个、高空视频点16个、人脸识别162个、视频结构化系统1000路、固定翼无人机1台、应急通信视频车1辆、手机围栏51处，建立视频图像智能分析大数据平台，与全区各类安防队伍、红色网格员相呼应，为处理各类事件提供信息化支撑。

二是建设软件平台。依托综治信息化平台，开发红色网格员手持终端软件，红色网格员和平安志愿者的手持终端都安装了网格管理App，可以实时记录网格员入户走访、巡查巡控时间、路线等基本信息，并将治安隐患、社情民意、矛盾纠纷等随时随地上传平台，通过排查登记、逐级处置、逐级上报、分

流交办、督办催办、分析研判、绩效考核等功能，建立起基础信息网上管理、工作过程网上留痕、责任目标网上量化的闭环运行机制。

三是建设指挥系统。建成“横向到边、纵向到底”的社会治理视频平台通信网络，新建贯通三级的“1＋14＋287”视频会议点位。由区综治中心发起的视频直接到“点”，在第一时间将指令传达到基层，为基层干部处置各类突发性事件和培训学习提供信息支撑。建立“三级”视频调度“指挥长负责制”，由各级网格长任视频调度指挥长，按照事件的轻重缓急，分为红色、橙色、黄色三类预警，对存在的重大安全隐患，各级指挥长每天进行视频调度，将其消灭在萌芽状态。

## 五、突出机制创新，构建全程化“吹哨报到”责任体系

一是建立“吹哨报到”平台。在党建引领基层治理体制机制创新工作中，网格化平台系统为“镇吹哨、部门报到”提供了保障，镇级层面以“一事一通知”的形成通过镇平台向区平台提交“吹哨”事项申请；区平台根据申请中“报到”部门需要协调的具体事项、解决目标等，将请求派发至所有“报到”部门；相关部门主动对接，在收到“吹哨”请求后，通过系统自动比对，第一时间分析研判，与镇合力解决问题；通过平台将“报到”过程中的影像、文字等资料及办理结果进行反馈，形成“吹哨—交办—处置—反馈—考核”的工作闭环。

二是提升组织协调能力。为解决红色网格员等社会治理队伍信息化水平低、服务意识不强等问题，区网格中心在提升“吹哨报到”能力、服务管理能力、平台应用能力等方面，精心

组织2次集中培训，培训紧紧围绕实用管用、贴近基层的要求，帮助群众提高解决“急难险愁”问题的能力，实现“报到有平台、报到有力量、报到有效果”。今年以来，共回应“吹哨”73次，让群众都感受到了党组织的温暖。各镇以村（社区）为单位逐级开展培训30余次，做到服务有能力、干事有底气、工作有保障。

三是发挥平安建设实效。全区红色网格员紧紧围绕种好“红色责任田”，用脚步丈量网格，用真心服务群众这一目标，今年以来，协助群众办理各项业务，如健康生育264件、低保129件、困难救助104件、民政优抚387件；协助各职能部门开展宣传4200余次，引导群众学法用法宣传3600余次；帮教刑满释放人员44名，协助管控涉毒人员368人、精神障碍患者329人；上报重大安全隐患56处，化解矛盾纠纷875件，吸附信访125人。在基层流传的顺口溜“网格员就是好、社情民意全知晓、各类信息都畅通、处理问题快又好”，表达了人民群众对红色网格员的心声。

# 坚持党建引领　加强乡村治理
# 建设更高层次的平安法治乡镇

天津市宁河区七里海镇　王　萍

七里海镇位于宁河区西南部，因临近国家级自然保护区七里海而得名。近年来，按照实施乡村振兴战略的总体要求，七里海镇坚持和加强党对乡村治理的集中统一领导，坚持把夯实基层基础作为固本之策，坚持把保障和改善农村民生、促进农村和谐稳定作为首要责任，紧紧抓住基层党建这个“牛鼻子”，大力推进红色网格建设，强化社会治安综合治理，努力推进乡村治理体系和治理能力现代化建设，构建共建、共治、共享的社会治理格局，做到“小事不出村、大事不出镇”。今年以来，全镇实现进京非访、重大安全事故、舆论炒作事件“零”发生的目标。

## 一、坚持以党建为引领，夯实基层基础

一是建立红色网格员队伍，发挥党员在乡村治理中的先锋模范作用。对全镇872名党员和246名红色网格员全部挂牌，亮出身份，亮明职责。红色网格员在镇党委领导下，对各自管辖区域内的各类特殊人员做到底数清、情况明，了解群众思想状

况，帮助解决实际困难，引导群众自觉听党话、感党恩、跟党走。重点敏感节点期间在站岗巡逻、扫黑除恶宣传发动、人居环境整治、日常生活矛盾调处等方面都发挥了党员的积极示范引领作用。

二是实行“五卡”管理模式，关注五个特殊群体。实行党员信息卡、退役军人信息卡、贫困人口一户一卡（包括三留守人员一户一卡、贫困边缘人口一户一卡）、红色网格员信息卡、农民增收信息卡“五卡”管理模式，对贫困人口和农民增收工作实行动态跟踪管理，跟进帮扶措施，确保党员作用发挥、弱势群体受益。

三是丰富村民议事协商形式，实施乡风文明培育行动。依托村民会议、村民代表会议、村民议事会、村民理事会、村民监事会等，开展村民说事、民情恳谈、百姓议事等各类协商活动，激发村民参与村级事务管理。发挥红白理事会作用，全面推行移风易俗，整治农村婚丧大操大办、铺张浪费等不良习俗，把喜事新办、丧事简办、弘扬孝道、尊老爱幼、扶残助残、和谐敦睦等内容纳入村规民约，推动社会主义核心价值观落细、落小、落实。

## 二、坚持以人民为中心，强化服务便民

为进一步夯实乡村治理基础，助推乡村振兴战略，七里海镇把综治中心建设作为实现社会治安综合治理创新和乡村有效治理的重要支撑和平台。一是高标准打造镇级综治中心，实现“1＋1＞2”的社会治理目标。2018年底，统筹各种资源，建成了占地1500平方米、建筑面积近600平方米的镇级综治中心和

综合便民服务中心。采取“3+N”合署办公模式，将信访、综治、司法及党员管理、退役军人、民政、社保、残联等窗口部门全部纳入，实现一门式、一站式便民服务。自2019年4月份综治中心正式运行以来，综治信访窗口接待群众反映邻里矛盾、土地确权、土地承包、村务管理等信访问题近20件，全部化解；法律服务窗口为群众提供法律咨询30余次，代书各类协议、诉状等20余份；社保窗口办理社保业务800余件，日均15件左右；退役军人窗口平均每天接待办理业务达6.7人次左右；民政窗口办理新增低保户审批手续17件，发放丧葬补贴共计85家；残联窗口办理残疾人养老保险188件，办理残疾证35份，为群众提供“一站式、敞开式”服务，积极打通便民服务“最后一公里”。二是建立网上矛盾纠纷接待处理综合平台，让群众在指尖就能办成事、办好事。整合了镇域内社会治安综合治理、综合执法、网格化管理等各类平台，对辖区内群众有关社会治安、矛盾纠纷方面的求助、投诉联动受理、督办、反馈，把“鼠标”与“脚板”结合起来，把“面对面”与“键对键”结合起来，做到统一受理、集中梳理、归口管理、依法处理、限期办理，努力使社会治理从单向管理向双向互动，从线下向线上线下融合，从单纯部门监管向社会协调转变。三是建立村级综治中心，与镇级综治中心一体化运行。在加快镇中心建设基础上，把工作触角延伸到村，推动15个村全部建立村级综治中心，与镇级服务中心职能对应，形成一体化运行。一方面充分发挥便民职能，建立起集信访、综治、矛盾化解、代办服务于一体的工作平台，规范工作制度和工作流程，尽最大努力让群众少跑腿，干部多跑路，百姓得实惠；另一方面充分发挥综治职能，依托村民调解委员会、治安巡逻队、平安志愿者、红色网格员四支队伍，按照网格化管理要求，对各自管辖区域内的各类特殊人员做到底数清、情况明，成为调解纠纷的“和事佬”、收集社情的“顺风耳”、苗头隐患的“报警器”、社会治安的“流动哨”，基本实现了“小事不出村、大事不出镇、矛盾不上交”的工作目标。

## 三、坚持战区制、主官上、权下放，积极探索基层社会治理新路径

面对解决生态保护、安全生产、信访稳定、治理违法建设等难题需要联合执法、集中整治时，在重点工程项目落地实施受到规划、国土、环保、安监、人才、资金等方面的制约时，七里海镇积极探索“一支队伍管执法、街镇吹哨、部门报到”的最佳路径，努力构建了党建引领、责任闭环、联袂发力、破解制约、推动发展的工作格局和机制。在推动工作过程中，第一时间研判确定重点工程项目中遇到的各类问题，在立足自身调控解决的基础上，对确需部门联动研判解决的问题及时梳理，明确主体部门、联动部门，将相关信息上传区级政务平台。涉及的职能部门接到信息平台信息后，第一时间明确专人，使之与乡镇对接，弄清责任、摸清情况、明确路径，形成应对方案。实行“精准吹哨、部门报到”，有效解决了乡村公路提级改造，煤改燃，煤改电，污水处理管网、地表水管网、户厕改造，危房改造等需要多部门共同协调解决的多个难题，取得了良好效果。

# 五化并举　多管齐下<br>推进信访“三无”镇创建

天津市宁河区板桥镇　石碧波

板桥镇位于宁河区东北部，下辖19个行政村，镇域面积52平方千米，人口1.2万。近年来，板桥镇始终秉承“保一方稳定，促一方发展”的理念，不断加强和创新社会治理，大力推进矛盾纠纷多元化解，实现了全镇辖区内无发生影响社会稳定的政治事件，无越级上访事件，无刑事案件，无重大安全责任事故，成为全区最为和谐稳定的镇之一。

## 一、常态化排查，化解在源头

板桥镇把矛盾纠纷排查工作作为一项基础性工作，建立健全“拉网式、全覆盖、不间断”的排查工作机制。一是“零”死角掌握台账。将镇级排查与基层排查、定期排查与不定期排查、面上排查与重点排查相结合，细化工作台账，严格清单管理，实现了“基础信息不漏项、社情民意不滞后、问题隐患全掌控”。二是“零”懈怠履行责任。集中开展了矛盾纠纷大排查、大化解的“双百行动”，积极回应群众诉求，做到符合条件的立即办，材料不齐的指导办，多头处理联动办，跟踪服务主动办。三是“零”距离解决难题。主动深入群众，综合运用各种手段调处矛盾纠纷。在张子铺、学郝铺两村土地调整中，包村干部入村入户给群众做思想工作，保证了土地调整的顺利进行，实现了“小矛盾全数化解，大矛盾联合调处，大小矛盾均不出村”。

## 二、规范化管理，化解在网格

为延伸基层治理触角，板桥镇把基层党建和基层治理结合起来，将全镇19个村划分为102个网格，农村党员担任“红色网格员”，村支书为网格长，镇包村领导为指导员，同时打造管理员、民情员、矛盾化解员、治安员、环保员、村务监督员“六员”合一的统一体，进一步发挥基层党组织多元化解矛盾纠纷的战斗堡垒作用。盆罐庄村一名52岁患病村民脑血栓复发，“红色网格员”韩庆奎接到通知后，顾不上手里的农活，第一时间赶到患病村民家中，陪同该村民去医院接受救治，帮忙办理入院手续，并在家属赶到前一直悉心照顾该村民。韩庆奎主动为网格内困难群众排忧解难，赢得了广大村民的一致好评，也体现了网格化管理的特点，即“网中有格、人在格上、格中定岗、事在网中”，真正做到了保一方平安，促一方和谐。

## 三、精细化服务，化解在肩上

“红色网格员”与网格长、指导员三员合力，充分发挥红色网格员在隐患排查、巡逻防控、矛盾化解、志愿服务等工作中的引领作用，共同把住网格阵地“红线”，守住社会治理“底线”。一是带头化解矛盾。充分发挥亲近群众、了解群众，容易和群众沟通的优势，积极主动热情调解。2019年，共排查出各类矛盾纠纷105件，已化解98件，化解率达93.3%，有效破解了基层治理工作中存在的“矛盾治理缺干将，党员履职缺载体”的难题。二是带头服务群众。针对基层办事困难群众，“红色网格员”兼职“红色代办员”，为老年人、残疾人等特殊人群提供代办服务，推动“最多跑一次”向村级延伸，打通服务群众的最后一公里。在退役军人信息采集工作中，田庄坨村的“红色代办员”岳文香，帮助长年在外务工的退役军人完成信息采集工作，有效减少了群众找人咨询、签字、盖章等麻烦，极大地方便了群众。三是带头巡逻防控。在重要敏感时间节点以及日常的治安巡逻防控中，红色网格员有针对性地做好重点时段、重点路段、重点部位的巡逻防控，加强对重点人群、重点行业、重点场所的清查整治，真正做到了治理不留盲点、矛盾不出防线，全面提升人民群众的安全感。

## 四、多元化整合，化解在基层

针对维稳部门分散、合力不强等问题，板桥镇不断加大资源整合力度。一是由单一到多元，渠道更加畅通。将原来的综治、司法、信访等三个部门整合在一起，成立综治维稳信访工作中心，内设“一厅两室”，并联合民政、残联、土地站、村镇办、退役军人服务站、禁毒站等多个部门，共19名工作人员，整合壮大了矛盾调处队伍。二是由怕做到善做，更加依法有序。由综治办牵头，对群众来信来访问题进行统一受理、梳理分类、归口办理，联合相关职能部门根据来访问题和办结时间限期进行处理解决，能够快速、稳妥地将办理情况第一时间反馈给当事人。“3+N”模式的实行，有利于更好地开展化解工作，使综治维稳力量由以前的“单打独斗”变成现在的“综治综调”，大大提高了矛盾纠纷的调处效率。

## 五、法制化引导，化解在萌芽

为努力营造和谐稳定的社会舆论氛围，使矛盾纠纷还未“落地”就已“消融”，板桥镇进行广泛宣传，宣传内容包括扫黑除恶、反邪教、防范与打击非法集资、国家安全、食品安全、消防安全、法治、禁毒等各个方面。一是加强网络宣传。利用板桥镇的网络公众号、朋友圈开展新媒体宣传，以案例解读、风险提醒等形式，发挥舆论宣传的作用。此外，还建立了综治干部微信群，通过微信群可以随时与各村网格员、调解员进行互动交流，及时答疑，在调解的前端进行引导。二是深化“六进”宣传。充分发挥宣传员的作用，开展流动课堂活动。开展进村、进机关、进学校、进企业宣传活动。三是利用集市宣传。现场普及各类知识，提供法律咨询，解答群众关心、关注的焦点问题。四是开展日常宣传。通过各村宣传栏、LED屏、机关会、党员大会、党员活动日等开展日常性宣传。2019年，开展集中宣传15次，网络宣传29条，累计发放宣传材料5万余份，接受群众咨询5000余人次，提高了村民遵纪守法的自觉性和依法维权的法制意识，为建设平安板桥营造了和谐安定的法治环境。

# 攻克“烂尾综合征” 解决集访千次难题

## ——宁河区打造朝阳花园社区治理创新样板

天津市宁河区委政法委

朝阳花园社区坐落于宁河区芦台镇城区中心位置，项目总用地20.58万平方米，规划建设住宅及商业用房52万平方米，是全区最大的在建高层住宅社区。该社区自2009年起分三期开工建设，但在一期还迁完毕、二期陆续入住、三期主体完工之际，开发商浩地集团资金链断裂，债务高达14.09亿元、诉讼案件多达746件，致使三期17幢在建高层住宅、5000平方米物业用房、1.38万平方米底商建设停工，4万平方米地下车库无法使用，2400余户住宅无法办理产权证，并因后期配套项目停滞引发电梯频发故障、车辆乱停乱放、道路破损严重、垃圾堆放无序等一系列“烂尾综合征”，“民心”工程变成“堵心”工程。业主深感切身权益受损，不满情绪发酵，非访集访累计达1000余次，引起市委、市政府高度关注，两次专项巡视均就此问题提出整改要求。

2017年以来，新一届宁河区委、区政府将解决朝阳花园问题提上重要议事日程，坚持以人民为中心，坚持“新官理旧账”，以维护群众权益为根本，以推进项目复工为核心，以创新社区治理为保障，按照“依法、公平、公正、公开”的原则，汇聚各方力量、紧盯关键环节，经过一年多的努力，历时10年的历史遗留问题得到有力解决，“烂尾综合征”得到有效根治，朝阳花园社区实现由“乱”到“治”，由“治”到“安”的转变，2018年8月以来再未发生非访集访事件。

## 一、聚焦民生民盼，把脉破解关键难题

按照区委、区政府决策部署，宁河区紧急成立由区委政法委牵头，住建、审计、法院、公安、规自、审批、城管及所属芦台镇有关领导组成的朝阳花园项目接管工作组，下设综合、法务、财务、工程、销售等部门，并对接高资质工程项目管理公司和律师团队，做到统筹指挥、专人专班、跟踪处置。区委、区政府10余次听取汇报，提出意见，接管工作组先后190余次研究推动、化解信访、解决实际问题。一是以理开路。加强“府院联动”，全面摸清开发商心理、建筑方心态、债权人心情和购房群体心愿，与486个涉案债权人开展数十次沟通调解，向四方讲清形势、宣传政策、表明利害，使“要共赢不要双伤”成为共识，促成接管小组、开发商、债权人达成解除查封、垫资兴建、售后还款动工协议，形成“垫资、复工、销售、还款、偿债”五步解决方案。二是以法开路。坚持客观真实原则，依托专业团队力量，采取座谈、走访、问询、调查等方式，全面清查项目所涉及的案件和债权债务情况，严格依法依规开展债权申报、会计鉴定、财务审计、清产核资工作，确保每笔债务有据可查，每项程序有法可依。2019年以来，累计清偿债务近6亿元，涉及查封的76家债权单位全部解封，涉及抵押的4家债权单位全部撤销完毕，朝阳花园问题实现精准破局。三是以

稳开路。面对面与信访业主沟通，积极做好接待、疏导和安抚工作，充分表明区委、区政府解决朝阳花园历史遗留问题的信念和决心，明确告知政府组织、第三方管理、群众监督的问题解决方案，讲解说明朝阳花园项目解封、复工、销售等时间表、路线图，详细了解和答复信访业主心中的疑问和诉求，赢得支持和理解，争取并通过信访业主做好其他业主的思想工作，终结了持续千余次投诉、信访的不稳定局面。

## 二、立足民情民意，精理细调诊治遗留顽症痼疾

为彻底解决朝阳花园历史遗留问题，接管工作组深入社区听取业主诉求，征求意见建议，重点梳理出不动产登记无法办理、施工停滞无法按时交房、物业服务质量欠佳、房顶立面漏水、电梯运行故障频发、地下车库无法使用、安全隐患突出等7项群众反映的焦点问题，以雷厉风行的态度解决群众所关切的问题。一是加快产权登记。把解决群众最关切的产权问题作为突破口，积极寻求市房管局、市建委、市一中院、市二中院支持配合，帮助业主协调土整、住建、拆迁、乡镇等部门办理出证手续。自2018年6月1日首个产权证下发以来，已完成一期还迁住宅项目近1/3业主的不动产登记工作，二期商品房1284户业主资格确认和不动产登记工作正在有序开展中。广大业主表示，此时此刻才真正感觉成为社区的“主人”。二是恢复施工建设。在全面厘清项目收支和债权债务、重新确定可行性续建方案后，区政府积极与市房管局、市建委对接，与施工单位洽谈，于2018年12月21日取得三期项目销售许可证，将项目正式盘活。2019年7月，朝阳花园社区5000平方米物业用

房、1.38万平方米底商已交付使用，三期高层住宅已按照高标准开工续建，预计主体工程于2019年10月完成、配套工程于12月完成，2020年5月前全部交付。广大群众对社区未来发展充满信心，购房踊跃。三是完善项目配套。经过先期垫资，朝阳花园社区一期还迁房、二期商品房34幢建成住宅67部电梯全部得以修复，电梯安全稳定运行得到有力保障。针对群众反映的问题集中加大投入力度，问题住宅房顶及立面防水工程顺利推进，社区道路和雨污水管道得以全面整修，3000余平方米社区绿化工程景色宜人，4万平方米地下车库和新增1043个停车位投入使用，新安装视频监控探头688个，地上地下消防设施实现整体联动，消防安全隐患得到有效解决，社区居住品质实现跨越式提升，人居环境全面改善，广大业主高度认可、好评如潮。

## 三、突出民建民享，红色引擎打通社区治理经脉

在项目复工续建、社区硬件建设取得突破性进展的同时，宁河区从优化朝阳花园社区软环境入手，着力构建党组织领导、工作组把控、各部门参与、全业主共治的工作格局，全力打通社区治理、服务群众“最后一米”，使群众在社区发展建设中体验到满满的获得感、幸福感和安全感。一是党建引领创新善治模式。充分发挥党建引领在社区治理中的优势，将朝阳花园社区划分为7个红色网格，社区党组织书记作为第一责任人，同时担任红色网格长，选派7名社区党员担任红色网格员，组织调动社区全体党员和105名平安志愿者。依托社区综治中心和全科网格，利用人熟、地熟、社情熟的优势，全心全意办好居

民群众家门口的事，做到“群众呼声就是哨声，党员心到才是报到，民有所求、党有所应”。二是畅通渠道，实现零距沟通。改变过去单方面决策、“包揽式”治理的固化模式，组织社区已入住群众推选业主代表，先后召开座谈会20余次，向居民群众问需、问计、问效，通过党政群共商、共治、共建、共议推动社区全面良性发展，这极大地激发了居民群众主动参与社区治理的积极性。对群众反映集中的诉求，做到分类建账、分级处置，即知即办、即时反馈，让群众放心、舒心、安心，实现“小事不出社区、大事不出街镇”。三是多方参与升级社区服务。社区党组织统领社区居委会、业委会、业主、物业公司及社会单位等五方力量，深入开展纠纷联排、矛盾联调、问题联治、隐患联查、平安联创活动。社区党组织党员、社区报到党员、业主代表、楼门栋长、平安志愿者主动挂牌亮明身份，为广大业主特别是困难群众提供在线响应、包保上门、结对帮扶、跟踪家访等特色服务。自2018年初以来，共收集社情民意230余条，开展服务550余次，为群众解决困难1200余件，化解纠纷110余次，消除及上报隐患50余项，得到业主广泛称赞。

截至目前，朝阳花园业主长期反映的涉房问题得到逐步解决，2400余户业主取得不动产登记证，数十个债权人14.09亿元的债权即将实现，4089个家庭安居梦想逐步成真。正是在区委、区政府的正确领导和统筹推进下，在属地镇、属事部门的共同努力和协调联动下，在社区业主、广大群众的全力支持和配合下，朝阳花园社区脱胎换骨，走向朝阳。

# 坚持"打建结合"破解刘庄村治理难题

天津市宁河区委政法委

宁河区引领办紧紧围绕党对基层工作的全面领导和提升社会治理效能这一根本目标，对苗庄镇刘庄村进行全面治理、系统治理、源头治理，打破制约基层发展的瓶颈，着力破解基层治理“最后一公里”问题。

## 一、提高政治站位，把党组织核心“立起来”

东西南北中，党是领导一切的。苗庄镇刘庄村共有306户938人，其中党员26名。现有两委干部5人，村书记、主任一肩挑1人，支委2人，村委2人。苗庄镇抓住党建引领基层治理体制机制创新这一契机，针对村内党组织涣散、凝聚力不强、战斗堡垒作用发挥不明显等问题，坚持把基层党建置于牵动农村工作全局的战略高度来审视和部署，优中选优，配齐配强村两委班子。新一届领导班子成立以来，发挥“大党建”这一统领作用，确保一根钢钎插到底，每季度至少召开1次基层党建联席会议，围绕基层党建工作热点难点问题进行研讨，不断创新党组织活动方式，完善“三会一课”、谈心谈话、党务公开、民主管理等制度。从教育培训入手，全年举办不少于2期村级组织培训班，全面提高农村基层干部的思想政治素质、科学文化素质和业务能力素质，全面提升党组织核心战斗力。

## 二、立足深挖根治，把扫黑除恶声威“打出来”

按照区委、区政府关于扫黑除恶专项斗争的要求，区委政法委多次牵头研究部署，组织开展“大起底、大整治、促发展”综合治理专项行动，以刘庄村群众深恶痛绝的刘氏宗族恶势力为突破口，依法依规把刘万英为首的6名成员逮捕。同时，把扫黑除恶专项斗争与“战区制、主官上、权下放”党建引领基层治理工作相结合，完善“打、防、管、控、建”一体治理措施，坚决铲除黑恶势力和村痞村霸滋生土壤。坚持以“打”开路，对近期开展工作中发现的一些隐藏线索，按照“三个再一遍、两个大起底”工作要求，继续开展深挖彻查，坚决做到不漏罪、不漏事、不漏人、不漏财，全面清除制约刘庄村经济社会发展的恶势力及违法违纪问题。截至2019年4月底，共发现并掌握四类重点突出问题：一是拖欠承包费问题，共涉及8人，最长拖欠18年之久；二是强占宅基地问题，共涉及13人40间；三是强占土地问题，共涉及7人，最长达14年之久；四是侵占集体资产问题，共涉及4人，问题6项。

## 三、强力统筹推进，把综合治理举措“落下去”

区党建引领基层治理办公室针对刘庄村基层党建、经济发展、基础设施建设、村务治理等方面的问题，成立8个专项行动小组，协助村两委班子，做到治理农村乱象与促进乡村振兴相结合，深挖涉黑涉恶问题线索与扫黑除恶专项行动相结合，集中规范村级组织建设与平安村庄建设相结合。一是加大环境整治力度，投入25万元清除村内坑塘5处，死角垃圾2万立方米，对整治后的沟渠进行恢复性填埋并栽种海棠树700余棵；对村内4处坑塘清淤，栽种荷花1500余株；对村周边沟渠进行清理，清除沟渠周边的垃圾、乱堆乱放物以及水面上的漂浮物，全部完成8条沟渠清理工作。二是加大拆违工作力度，依法依规对村内私搭乱建的违规建筑进行合理化拆除，投入资金30余万元，拆除违建60处，面积达1400平方米。三是加大基础设施建设力度，扩建村级活动场所190平方米，6月底已经投入使用。同时，刘庄村已被列入2019年区示范村、美丽乡村建设名单，将在乡村公路旁和村内街道安装路灯200盏，安装摄像头40个，修建公共厕所4座，其中乡村公路修建工作与污水管网改造工作已经开启。刘庄村通过综合施策、标本兼治，实现了党建更强、环境更美、治安更好、人民群众更幸福的目标。

## 四、发挥示范引领，把主体责任“扛起来”

刘庄村牢固树立“政治为先导、自治为基础、法治为保障、德治为引领、智治为支撑”的“五治合一”治理理念，充分发挥基层党员在社会治理工作中的先锋模范作用，在14名红色网格员、26名党员家门口挂牌子，以二维码形式向群众“亮身份、亮职能、亮承诺、亮业绩”，挖掘基层治理的内生动力，激发6名网格协管员、6名平安志愿者和广大人民群众主动参与社会治理的热情，在社情民意收集、重大事项报告、民生事项服务、矛盾纠纷化解等工作中发挥重要作用。截至目前，“红色网格员＋平安志愿者＋人民群众”的基层治理队伍共开展平安村庄建设宣传活动3次，入户走访4次，排查化解矛盾纠纷5件，发现解决治安隐患3处，初步实现了“人在格中走、事在格中办”的目标。自违章建筑拆除工作启动以来，村干部与群众之间矛盾重重、强制叫停现象屡次发生，村两委班子主动担当、率先垂范，带领党员干部进家入户，坐上饭桌炕头，化解拆违矛盾3件，充分体现出基层组织无处不在、党员先锋作用无处不在，实现了“小事不出网格、大事不出村、矛盾不上交”。

# 精心部署　延伸检察职能触角
# 精准施策　聚力智障女性维权

## ——宁河区检察院多措并举全力维护智障女性合法权益

天津市宁河区检察院

近年来，农村智障女性作为无性行为能力的弱势群体，受不法分子性侵的案件屡见不鲜，尤其是在偏远农村地区更加有过之而无不及。针对智障女性遭受性侵案件逐年高发的形势，宁河区人民检察院延伸职能触角，严厉打击性侵农村智障女性的违法犯罪行为，坚持惩治与教育相结合原则，经多次调研核实于2017年成立了宁河区关护农村智障女性志愿服务队。两年来，该志愿服务队广泛开展法制宣传，大幅减少了此类违法犯罪行为，在全国范围树立了良好的道德风尚，在维护社会和谐、稳定、扎实推进社会管理综合治理工作、加强地区法治建设方面取得一定经验。

## 一、高站位、勇作为，深入调研定准工作基调

一是明确思路目标。以法律监督本职工作为依托，认真总结案件规律，研究分析当前辖区内农村智障女性受侵害案件多发的原因及特征，明确严厉惩治犯罪与宣传教育并举的工作重

点和方法形式，并提出具体工作要求。

二是加强组织领导。由院党组副书记、副检察长亲自担任队长，充分发挥共产党员先进性和模范带头作用，以刑检部门业务过硬、作风扎实女干警为主要成员，充分发挥业务专长与队伍优势，形成常态化工作机制。

三是开展实践调研。深入镇、村开展走访，深入了解广大农村智障女性人数、年龄、分布特点、生产生活状况及家属对智障女性的监护措施，对此做到心中有数。同时，加强与残联、妇联、民政等部门的沟通协作，对智障女性社会福利保障等相关情况进行摸排，对开展此项工作的必要性和紧迫性形成更深层次的认识。

## 二、善谋划、强措施，多方联动把准脉络症结

一是积极参与办案。2019年，已受理3起性侵智障女性刑事案件。根据工作方案，将该类案件全部指定志愿队中员额制检察官办理，通过与公安机关积极沟通，加强侦捕诉衔接，形成打击合力，快捕快诉，有力震慑犯罪。坚决打消潜在犯罪分子认为智障女性的性自主权不受法律保护就不构成犯罪或认为被害人家属害怕“家丑外扬”不敢告发给钱就可以私了的错误侥幸心理。

二是落实跟踪回访。近两年来，服务队先后深入多个镇，到被害人家中进行回访慰问近10次。通过实地查访，就认真履行好监护职责，提高防范意识，做好防范措施，切实加强对被害人的保护，避免类似案件再次发生，给家属和村（居）委会提出合理建议。平息负面舆论，引导民意，凝聚共识，努力让

群众深刻认识性侵智障女性的危害性，实现法律与社会效果的统一。

三是加大宣传力度。2019年，服务队先后出动69余人次深入10个镇的集市和村（居）委会开展集中法制宣传，为农村妇代会主任及驻村残疾人联络专员进行两次集中授课讲座及多次单独讲座，制作并发放2000余份宣传单、宣传手册等宣传材料，形成一定影响力与知名度，并努力带动全社会保护农村智障女性。

四是强化多方联动。服务队的工作不仅得到区领导的高度认可，也得到了区妇联和残联的大力支持。队员们先后走访区残联、区妇联、民政局，与相关单位开展座谈，就相关工作的具体开展，共商对策。也得到相关部门的积极配合，各部门就今后加强对农村智障女性的保护等工作提出了许多切实可行的意见、建议。不断团结和吸收更多社会力量共同保护这一弱势群体，筑宽、筑牢保护防线。

## 三、固根基、出实招，丰富载体，提升治理水平

一是压实工作责任。队长带头抓、亲自抓，明确成员工作职责，制订切实可行的工作方案和工作台账，不断完善方式方法，形成志愿服务工作长效机制，促进各项工作取得实效。

二是突出法治主题。宣传、宣讲，紧扣活动主题，并确保活动有内容、有记录、有舆论氛围，真抓实干，让广大群众都能够得到学习、教育、提高，从而知法、懂法、守法。

三是创新丰富载体。除利用座谈会、法制讲座、法律咨询、在街头集市散发传单等方式积极开展法制宣传活动，还探索新

途径，丰富新载体，利用“两微一端”新型媒介开展宣传，扩大活动的影响力。

四是注重总结提升。安排专人具体负责宣传素材的收集、整理、编辑和信息的撰写、报送及建档工作，在活动结束后及时做好总结，积累有内容、有分析、有建议的宣传经验。有针对性地组织开展调查分析，加强理论与实践研究，拓宽智障女性权益保护范围，为切实保护智障女性综合权益提供可行性建议对策。

## 四、求实效、促稳定，凝聚共识助力平安建设

一是形成社会共识。通过开展有针对性的宣传教育，把法制宣传与警示教育有机结合，以案释法。让智障女性的合法权益同等受法律保护的观念深入人心，唤起全社会对农村智障女性这一弱势群体的关注，形成关爱弱势群体，保护弱势群体合法权益的良好风尚。

二是增强保护意识。通过上门回访慰问，向家属讲解侵害农村智障女性案件的特点及案件多发的原因，同时告诉家属如有类似案件发生应如何报案及保护证据，助力打击犯罪，并通过发放图文并茂的宣传手册，使家属重视对智障女性的保护，规避日常管理上的疏漏，提高防范，筑牢家庭保护这第一道防线。

三是有效减少犯罪。往年侵害农村智障女性案件均发生2到3起，志愿队开展严厉打击该类犯罪及法制宣传工作一年多来，该类犯罪明显减少。2017年下半年，仅发生1起侵害智障女性案件，2018年尚未发生侵害农村智障女性犯罪案件，有效

减少了同类犯罪，促进社会和谐稳定。

四是助力平安建设。通过持续打击与教育警示并举，主动探索综治新途径，形成示范带动效应。在立足检察本职工作的同时，综合运用政治、法律、文化、教育等多种手段，通过加强打击、防范、教育、改造等方面的工作，实现从根本上预防和治理违法犯罪，化解不安定因素，维护社会治安持续稳定，助力平安宁河、法治宁河建设。

# 第三章

# 全国品牌调解室工作案例

# 工伤纠纷调解案

浙江省诸暨市枫桥派出所老杨调解中心

2018年6月19日，从事调解工作32年的退休民警杨光照被司法部聘为“全国人民调解专家”，而受聘的专家全国只有10人。（截至2019年，全国已有20人被聘为“全国人民调解专家”。）

今年69岁的杨光照是老杨调解中心的主任，熟悉他的人都亲切地称呼他为老杨。老杨自1986年从部队转业进入派出所工作，30多年来一直与调解工作打交道。2019年6月，老杨调解了一起工伤事故。一位40多岁的男子在某五金汽配厂工作时发生意外，导致无名指骨折，他要求老板赔付5个月的工资，每个月2500元。老板则认为索赔金额过高，双方产生分歧。

“你的伤势不算重，这个赔偿要求有点高了。”杨光照对受伤男子胡某说。说着，他拿出一张法定赔偿标准表，上面罗列了不同等级伤残赔付金额。老杨说，因为汽配厂老板已经预付了1000元，并付清了医疗费用，按照赔偿标准，支付3个月误工费比较合理。

随后老杨又做起汽配厂老板的工作。最终，通过“背靠背”调解，汽配厂老板同意一次性付清3个月误工费，双方签署了一份调解协议，实现了“一次性调解”成功。

杨光照说，他从事调解工作30多年来，像这样的调解总数达到六七千起。尤其是2010年以来，老杨调解中心累计调解矛盾纠纷1700余起，调解结案1660余起，调解成功率达到97%，协议兑现率100%，涉及金额5300余万元，无一分拖欠。

杨光照认为，调解工作的前提是依照法律，然后才是动之以情，晓之以理，最终使双方都能心服口服。调解人员需要对法律条款、人的心理、社会民情都非常熟悉，这样才能做好调解工作。

老杨虽然今年已69岁，早就退休了，但还是甘当“老黄牛”，一周五天从诸暨城区坐公交车赶到枫桥。双休日若有事情发生，他也是随叫随到。调解工作没有白天黑夜，但只要问题能解决他就感到舒心。调解工作以解决老百姓的问题为首要目标，不让矛盾扩大。

老杨调解中心里安装了录像、显示器以及网络直播设备。老杨说，安装录像设备可以帮助矛盾双方控制情绪，同时规范调解人员的工作态度和方式方法。通过视频，村民甚至不用跑到镇上的调解中心，在村里就能参加调解，节省了时间。

（钱峰、陈聪供稿）

# 涉外婚姻调解案

浙江省丽水市青田县妇联叶姐工作室

叶姐工作室是浙江省丽水市青田县妇联以维权干部叶一伟的姓氏命名的家事调解工作室。青田是有名的侨乡，所以涉外婚姻生活纠纷案也相对多些。

下面这个案子，是叶姐工作室受法院委托做的诉前调解。当事人双方在欧洲生活了10多年，并已生育了3个子女。通过法院提供的诉状，调解员了解到女方近几年做了一次宫颈口切除手术，在手术期间男方不仅没有前去照顾反而嘲讽女方是做了坏事才得了这样的病，这让女方无法接受。再加上随着孩子的长大，双方经常为一些家庭琐事发生口角，夫妻感情也趋于淡漠，所以女方提起了离婚。

调解员没有看到男方的答辩书，所以不知道男方的想法，但考虑到双方还有3个孩子，所以初步意见是往和的方向调。当然，调和的关键在女方，要解开女方的心结，才有调和的可能。所以调解员先是加了女方的微信，想了解她对离婚的真实想法。

调处涉侨案件，有个不利因素就是国内外存在时差，如果双方都有调解意愿，调解员倒也可通过网络、微信，或其他多元化调解平台等进行调解，但如果有一方坚持不同意，就有可能连联系都联系不上。这对夫妻就是这样，女方起初态度是非常坚决的，并不同意调解。她认为两人分居已两年，可以自动离婚；所以开始的时候，沟通效果并不好。不过，在断断续续的联系中，调解员也大致了解到，女方觉得自己做了妇科手术，男方又嫌弃她，对她没有好脸色，何况从工作能力来看，男方确实不如女方，家庭的开支基本都是女方承担，男方又好吃懒做，没有家庭责任感，她认为这样的男人，有和没有并无区别。

还好，那段时间恰好男方回国探亲，同时也是为了应诉，而女方因为迫切想离婚随后也回到了国内，调解员终于有机会同时碰到了男女双方。

第一次接触男方，他坚持认为女方是嫌弃他年龄大，当时是他带女方出国，现在女方的事业做得比他好，钱赚得比他多，肯定是外面有了人，就找借口想甩了他。调解员提到了女方的手术，他不以为然，说那只是小手术，不需要搞得那么紧张，因为有大女儿在帮忙照顾，自己也没有必要放下手头的工作跑到医院去照顾她。至于挖苦嘲讽的话，他表示没有印象，认为是妻子自己乱想的。说他对家庭不负责任，他也是满腹委屈，说自己在国外打工那么辛苦，现在年龄大了，收入不如以前，没人理解他。

青田本地人都知道，华侨说起来好听，其实都不容易。从这个角度来看，他们夫妻都没有足够体谅对方，于是调解员分头做双方的工作。

对于女方，调解员对她因病情产生的不良情绪表示理解，也帮她一起回忆了两人刚结婚时的美好时光，男方当时也是托了人花了钱一家人才团聚的，而且出国后他们又生了老二、老三，说明两人是有感情基础的。现在觉得男方对自己不关心、嫌弃自己生病，有没有可能是自己过于敏感了呢？男方还说女方嫌弃他呢！说明双方都非常在意自己在对方心目中的地位，只是沟通不畅从而造成了误会。接着调解团成员又帮她分析了离婚的利弊，特别是给孩子带来的影响，女方沉默不语。

对于她提到的“分居两年自动离婚”这一认知，我们向她解释，由于工作分居两地是不属于《婚姻法》上的分居情况的，何况从来没有分居两年自动离婚的说法。

对于男方，调解员和他谈了男女间思维方式上的区别，妻子的手术在他看来那是小病，所以他其实是根本没放在心上的，但是女人对妇科手术是很敏感的，在她做手术期间男方不但不关心她，反而还无端怀疑她有外遇，哪个女人都受不了。而且他年龄又比女方大那么多，应该对她多爱护，而不是故意气她。女方因为年纪轻，文化程度比他高，接受新事物快，所以赚钱方式灵活，比如他妻子现在做微商做得很好，男方就表示不理解，怀疑她通过另外的不良途径赚钱，担心她有外遇。作为老公，要换个角度想，现在男女平等，谁赚多赚少都可以，女方赚了钱也只是想改善家庭生活，如果女方只是想利用他出国，怎么会生3个孩子？

当时女方的妈妈也陪同来到了现场，我们又和女方的妈妈拉起了家常。作为一个过来人，她当然知道经营家庭的不易，虽然也觉得女儿夫妻关系似乎不怎么好，但知女莫如母，她也提到女儿从小好胜心强、不认输，夫妻关系的恶化，女儿也是有责任的，所以她后来也帮忙做女方工作。

最终，男方意识到了自己的不足，当场向女方道歉，表示自己心里是非常在意她的，害怕她离开自己，所以有时口不择言，暗中猜疑；在生活上确实没有关心她，特别是对她的病情，没有充分理解，但绝没有嫌弃她生病的想法；希望女方能给这个家庭一个机会，夫妻好好赚钱，培养好3个孩子。女方也表示了自己的委屈，最后同意撤诉。

在青田，有30多万华侨分布在世界各地，他们中大部分夫妻都是分居两地，就算是在同一个国家也是在不同城市。他们辛勤劳作，为孩子、为家庭创造希望，很少有花前月下和沟通交流的机会。如果有误会没有及时消除，在异国他乡又没有专业人士或机构给予干预指导，一方面觉得工作辛苦，一方面又得不到理解和支持，夫妻关系就会变得很脆弱。而对于调解员来说，这样的案例调解难度也是相当大的。我们一般碰到这种案例，大多是通过微信和视频来调处，但网络调处的效果明显比不上面对面的调解，调解员需要有足够的耐心和一定的心理学知识，调处的时间通常也比较长。最长的一个案例，调解员和当事人互动了半年多才调解成功，之后又联系了半年多，巩固调解效果，以防思想动摇，功亏一篑。

因为这群人并不在少数，靠一对一的调解疏导明显力有不逮，所以对于问题比较严重的，调解员会一对一进行沟通疏导；只是一般家庭问题的，就会让当事人加入青田县婚姻家庭幸福成长微信群。这个群里有500名群员，每天讨论和分享婚姻家庭相关知识和话题，群里有心理咨询师、专业律师、法院工作者、婚姻家庭咨询师等专业人士，群员如果有婚姻家庭类心结解不开，都可以直接在群里倾诉，没有时差，没有歧视，群里的专业人士或爱心人士都会及时给予回应。该微信群也多次得到媒体报道和上级领导的肯定。

# 婚姻家庭纠纷调解案

甘肃省和政县三合镇张仲胜调解室

五十出头的张仲胜是一名部队转业到地方司法所的调解员，在当地他被回族人民群众亲切地称为“张天平”。他生活在汉族和回族人融汇在一起的甘肃省和政县三合镇，所以平日的调解工作中，他更注重于多民族的乡风民俗，更公平公正地做好调解当事人的工作。

张仲胜说：新时代“枫桥经验”已经不只属于浙江枫桥，它属于中国。我们都是“枫桥经验”的追随者、经营者、维护者、创新发展者，也是默默无闻的奉献者。尤其是运用“枫桥经验”开展工作，在多民族地区更加好用，为民族团结保驾护航。他说“枫桥经验”激励我们，告诫我们调解者要伸张正义，公开、公平、公正，有理、有情、有法地去传承实践，经营发展好“枫桥经验”，使大西北的治安像沙漠的绿洲一样祥和。

下面这篇调解案例由张仲胜调解室提供，是多民族地区调解员开展调解工作的一个典型案例。

2013年4月26日，甘肃省和政县三合司法所张仲胜调解室的调解员张仲胜和往常一样准时来到办公室。这时，某村的父子马不独和马由素来调解室找他反映情况。进门时马由素手握一把腰刀，而且口气硬，摆出一副咄咄逼人的架势，一边吆喝，一边把刀在调解办公桌面上扳了几下，说：“张天平，你处理不处理我的事！”

张仲胜说：“先收刀，后说事。啥事这么激动？”

马由素说：“婆娘马阿西与同村马木洒勾搭成奸，好上了。我准备把马木洒用刀捅死！”

“有证据吗？”

“有！”说着马由素从口袋里掏出一卷通话记录清单摔在调解桌上，“这就是！”

张仲胜简单看后，为了先稳定缓解马由素的情绪，所以故意让他们父子俩统计通话次数：马由素妻子马阿西给马木洒打了128次电话，马木洒给马阿西打了28次电话。听完马由素诉说，张仲胜进一步了解到马由素在外地打工，连续4年没回家，这次刚回家。4年里，他也没给妻子马阿西打过电话问候家里，也没汇过一分钱。自己称打工每天有250—300元收入。

这时，张仲胜说：“你马由素有30万—40万元的存款了吧？”

“没。”马由素说。

这时，张仲胜跟马由素提出了几个假设：“妻子在家辛辛苦苦拉扯2个未成年的孩子，你作为丈夫三不管，就是一节木头放院里4年，风吹日晒也会长出蘑菇，她毕竟是有感情的人啊！你4年没给家庭一分钱，收入哪里去了？我建议派出所对你打工地的租赁房及活动场所调取监控摄像数据，掌握一下你的在外情况。”此时，刚才硬如钢的马由素，话已软，眉头出汗。张仲胜让他先到外面小卖部给他父亲买包烟去。

张仲胜借机做马由素的父亲的工作。张仲胜说：“作为父亲你不但不劝阻，还把儿子从外地叫回，并在后面推波助澜，要你儿媳的所谓情人拿出钱给你儿子。如果发生打架斗殴造成伤害人的恶果，两个孙子的抚养就要由你完成。”

马不独一听，马上说：“你说的很对啊！真的可怕啊！那怎么办?”

张仲胜说：“明天让你儿子带着媳妇外出打工!”

这时，马由素回来后主动说：“张天平，你说咋办就咋办!”(其实他买回香烟后一直站在门口听。)

张仲胜说：“袖筒的火袖筒里灭，伤风败俗的事情，不要拿刀莽撞，造声势，出司法所我这间调解室的门，不要再提这个事。你们的目的是让马木洒拿一笔钱，这个念头趁早打消，明天两口子一起外出打工为最佳方案。”父子都表示同意调解员这个建议。几日后，马阿西和马由素携行李坐车外出打工，还打电话给张仲胜表示感谢。

关于这场纠纷，调解员巧妙地用几句话点到了当事人的要害，四两拨千斤，避免了一起民转刑的家事纠纷。遇到这样的纠纷，首先要稳，调解员要淡定，稳住当事人的阵脚；其次要控，控制住整个事态发展的节奏；再次是假设，这对调处像烧红石头一样无法下手的纠纷非常管用，假设成立，预测到位，推理破阵，摧毁防线，调和理顺；并且分析到位，假设准确，抓准要害，外围突破。调解员还对这起违背公序良俗的纠纷，采取不记录、不建档、不留痕的“三不”措施，为当事人消除顾虑和隐患。

（为保护当事人隐私，文中村名和人名皆为化名，也请读者不要对号入座）

# 经济纠纷调解案

甘肃省玉门市下西号镇王培海调解室

甘肃省玉门市下西号镇王培海调解室是以王培海个人名字命名的调解室。因为玉门地广人稀，乡镇离市中心又远，所以当地老百姓有矛盾纠纷时，乡镇一级的及时化解显得尤为重要。下面就是一起由王培海调解室调解的经济纠纷案。

张某和鲁某两人系甘肃省玉门市下西号镇人，相识多年。2016年10月，鲁某收购了张某种植的花卉种子之后，鲁某称因为资金周转不好，无法给张某及时兑现花卉种子款，就给张某写了张欠条。直至2018年春天，鲁某一直没有给张某支付花卉种子款，导致张某无钱种地，张某要求鲁某尽快支付拖欠的花卉种子款。张某多次讨要无果，双方发生纠纷。

2018年3月5日，张某申请玉门市下西号镇王培海调解室调解。王培海调解员征求鲁某同意后，受理了此纠纷，并马上开展调解工作。

在调查了解过程中，王培海工作室的调解员与双方当事人进行了多次沟通，了解到双方矛盾集中在欠款支付问题上。鲁某虽然收购花卉种子，但他也是种地农民，再加上2016年所收购的花卉种子没有卖上好价格，导致鲁某这几年一直亏损。鲁某家中无钱支付拖欠张某的花卉种子款，且事情已经过了很长时间，双方当事人各执一词，互不相让，导致调解难度增大。

针对双方当事人矛盾的焦点，调解员多次做双方思想工作，最终鲁某承认了他拖欠张某花卉种子款的事实，但表示现在一时无钱支付该欠款。在调查过程中，调解员了解到鲁某一共欠张某花卉种子款25433元，张某认为鲁某不讲信用，口口声声要其尽快支付花卉种子欠款，毕竟几年时间都过去了，他担心自己的花卉种子款要不回了。鲁某不支付花卉种子款给张某，造成张某经济紧张，导致其2018年的地无法及时耕种。针对这种情况，调解员先督促双方尽快将欠款纠纷达成调解协议，再申请玉门市人民法院对达成的调解协议进行诉前裁定，既解决了矛盾纠纷，又有利于协议的执行。最终，经调解员反复做工作，鲁某同意采取以物抵债的方式，给张某价值2325元的复合肥（15袋），1920元的地膜（160公斤），1600元的尿素（20袋），抵付花卉种子款5845元，对于剩下的花卉种子款，鲁某表示目前实在无法支付给张某。在调解员的积极调解下，对于剩余欠款，鲁某和张某达成了欠款支付协议，这起久拖不决的纠纷终于得到圆满解决。

调解协议签订完毕后，调解员协助双方当事人向玉门市人民法院申请了司法确认，以赋予人民调解协议强制执行的法律效力。

人民调解是法、理、情的统一，调解过程中，矛盾纠纷当事人是否愿意接受调解员所讲的法、理、情，是调解成败的关键。在调解过程中调解员坦诚相待，慢慢让矛盾双方当事人打开心结，互谅互让，降低诉求，最后促成协议的达成、纠纷的解决。

本案中，王培海调解室作为调解矛盾纠纷的第三方，面对当事人力求做到一碗水端平，而不是偏袒哪一方，真正成为具有公信力的第三方，既保护了当事人双方的合法权益，也维护了乡镇的正常工作秩序。农村发生纠纷的情况各异，一定要从纠纷双方当事人的实际出发，针对不同的情况制定不同的调解方案，采取不同的调解方法，晓之以理法，动之以真情，努力缩小双方诉求差距，达到双方都能满意的调解结果。

# 商品房买卖纠纷调解案

江西省赣州市南康区刘其泉调解室

刘其泉调解员被当地人称为“南康金牌调解”。2017年10月16日至11月18日，调解员刘其泉、张少荣、张鹏调解了一起疑难的商品房合同纠纷。

赣州某房地产开发有限公司于2009年认购位于南康区土地一宗，根据规划将该宗土地上划定的2、3号楼设计为联排别墅，并于当年向社会发售。其间有24名业主分别交了8万—10万元诚意金认购。2010年房地产开发有限公司又与24名认购业主签署了一份认购协议书，约定房价为每平方米4900元。由于政府征地问题，没有按时提供土地给房地产开发公司，直至2017年初才提供给房产公司规划用地。由于市场房价和建设成本上升，所以房产开发商不愿意将建好的联排别墅按协议书上的价格给24名认购业主。24名业主遂找到调解室请求调解。

调解室调解员首先提出在24名认购业主中推选出5人，由这5人全权代表24名认购业主参与调解活动。2017年10月17日上午，调解小组召集房地产开发有限公司代表与5名业主代表以及南康区房管局领导进行第一次调解。因为双方都坚持从自己利益出发，第一次调解陷入僵局，以失败告终。

10月18日，调解室再次召集三方进行调解，经过调解员背靠背、面对面给当事双方分析情况，提出建议，根据市场房价和实际协议内容衡量，双方本着从解决事情的态度出发，最终，以每平方米6600元的价格达成协议。房产商和购房方都表示认可。

这起纠纷如果不及时介入调解，那么很容易引发群体性事件，对社会安定团结产生不良影响。

# 交通事故调解案

浙江省诸暨市璜山镇老朱调解室

老朱调解室成立于2009年10月，是以调解员朱仲青的姓氏命名的调解工作室。老朱63岁了，是一位司法所退休的资深调解员。老朱善于做群众工作，巧妙化解一线矛盾，把思想政治工作做到群众心里，把问题解决在基层。他从源头化解矛盾换来万家幸福的经验，刊载在中央《党建》杂志2011年第6期《十位“小巷总理”谈做群众工作》上，向全国推广。下面这个是由老朱调解室调解的一起交通事故案例。

2019年4月的一天，浙江省诸暨市东白湖镇陈蔡村村民陈某死于一场意外交通事故，肇事方是璜山镇黄某。事发之后，陈某的家人、朋友十几口人冲到车主黄某家中讨说法，一起群体性事件即将发生。

璜山镇政府老朱调解室调解员朱仲青接到消息后，立即拨通双方的电话，要双方保持克制。赶到现场后，他又给双方当事人一一做工作，但双方始终达不成一致意见，首次调解没有成功。

当天下午，死者家属到黄某家和黄某工作单位闹事。朱仲青连忙赶到死者家里制止，又组织双方当事人的亲友进行沟通，但死者家属开出的赔偿条件实在太高，调解又一次失败。

这时，死者家属想请枫桥娟子工作室调解员娟子一起调解。因为娟子老家和当事人在同一个镇，经过与调解员老朱联系商讨，娟子也决定赶赴老朱调解室一起调解此事。

第三次调解，调解员老朱和娟子再一次跟受害方厘清此纠纷的焦点，并且阐明不及时调解的影响。因为按当地风俗死者的“头七”快到了，对死者而言，入土为安是更好的交代。经过来来回回做工作，在调解员的努力下双方终于达成了赔偿协议。

# 生产经营纠纷调解案

浙江省杭州市上城区和事佬沈寅弟工作室

沈寅弟是杭州市上城区望江街道人民调解委员会主任，杭州市上城区人民调解协会会长，2009年成立以他自己名字命名的调解工作室。沈寅弟也是杭州电视台一档电视调解栏目的调解员。在成为一名调解员之前，沈寅弟在部队里从事过教育工作，这段经历为他开展人民调解工作提供了不少有益经验。沈寅弟还自学过心理学方面的相关知识，有心理学做支撑，在面对当事人的各种情绪时，就能更好地应对。

2014年3月30日中午11时，一女子在杭州耶稣堂弄的一居民楼顶，向马路扔砖头并扬言要跳楼。民警接到报警后迅速赶到，封锁了现场。

因为女子拒绝民警上楼，僵持一直持续到下午2点。该女子称要与“和事佬”沈寅弟对话。得知此事后，沈寅弟立即随杭州电视台《和事佬》栏目组赶往现场进行调解。

沈寅弟首先与其喊话沟通，跳楼者是附近一间商铺的老板，最近，整幢楼要拆迁，房东已经和拆迁办签了合同，该女子的租期已到却不肯搬离。前一天早晨，相关部门工作人员告知该女子尽快搬离，她一气之下，打算以跳楼的方式要回之前被拉走的货物，并要求拆迁方及房东赔偿其约53万元的经济损失。起先，女子对沈寅弟要求上楼面对面沟通很抵触，捡起一块宽10厘米、长50厘米的木条挥舞着，阻止其靠近。

在沈寅弟近1个小时的耐心劝说下，该女子最终同意调解员上楼，但坚持要求拿回自己的货物，否则就要跳楼。下午3点多，警方把女子的部分货物运抵现场，然而女子在看到货物后情绪突然十分激动，表示至少还有一半货物没被运回来，并扬言马上跳楼。见其情绪不稳，沈寅弟判断当事人有可能在冲动下做出过激举动，迅速上前，趁女子不备将其扑倒，自己手臂也受了轻伤。事件发生后，沈寅弟的英勇事迹被杭州电视台、杭州网、《青年时报》等多家媒体报道。

作为一名人民调解员，沈寅弟在接手一个案件以后，首先要做的便是搞清楚案件的纠纷类型，了解相关的法律法规，在此基础上展开调解。

2018年7月，当事人汪某因为一双皮鞋的退换和商家发生了纠纷，情绪激动，还扬言要上访。面对这样情绪激动的当事人，沈寅弟首先要做的就是先安抚他，使其冷静，待了解事件详情以后再细细推敲案件，通过法律宣教加情感交流、利弊分析、适度冷却等方法来促使和解。许多案件的矛盾点都不是单一的，一个案件里往往需要用到多种处理办法。沈寅弟的办法是：针对无理取闹的当事人要以法律约束；对情绪起伏较大的人有时要冷处理、法律宣教；当案件走入死胡同时还要静下心来细细分析细节，找出可以进行调解的关键点，换位思考、分析利弊。调解工作做得多了，沈寅弟也渐渐摸索出了自己的一套调解方法，他把这个称为“五步调解法”：温馨调解、谈心调解、亲情调解、感化调解、动态调解。

沈寅弟从事人民调解工作以来获得过很多奖项，像“全国模范调解员”“全省特级调解员”等等。2019年1月30日，司法部公布了10名全国人民调解专家名单，沈寅弟便是其中一位。

（来源：浙江新闻客户端，2019年2月15日）

# 第四章

# 『枫桥经验』人民调解工作在全国

党中央、国务院高度重视人民调解工作，习近平总书记多次作出重要指示和批示，为做好新时代人民调解工作、加强人民调解员队伍建设指明了发展的方向。

2019年5月，全国人民调解工作会议在海南召开，会议强调：要坚持以习近平新时代中国特色社会主义思想为指导，牢固树立“四个意识”，坚持“四个自信”，做到“两个维护”，确实加强对调解工作的统筹指导，努力构建大调解格局，进一步推进平安中国，法治中国建设。增强为人民群众服务的获得感、幸福感。

在我国有400多万调解员，调解员们在基层及时化解人民群众在生产生活中遇到的纠纷。各地调解员还与时俱进创新调解方法，方便快捷地服务人民群众。

本章选编全国多个省市的典型调解工作案例。案例由所在地政法系统提供，在此深表感谢。因书出版所需，案例中的当事人姓名都做了修改，一些案例情节亦有所改动，主要是让读者朋友们在案例中得到启发，避免类似纠纷发生，或者发生了矛盾后，知道怎么样可以及时化解。

# 婚姻家庭纠纷调解案

天津市静海区委政法委　刘振良

2019年3月8日，某镇居民毛某来到镇人民调解委员会，请求调解与李某的婚姻家庭纠纷案。调解员向她询问了一下基本情况，了解到毛某与李某于2004年12月31日结婚，婚后因感情不和于2014年3月6日协议离婚。两人在离婚协议中约定：婚生女由毛某抚养，李某每月支付800元抚养费，每月10日前打到女方账户上，直至女儿18周岁，李某每月可探视女儿一次；毛某名下由其父母出资购买的房产、轿车归毛某所有，婚前李某和毛某母亲共同出资购买的房产归毛某母亲所有，李某放弃所出的房款；李某发生的债务由自己全部承担，毛某无债务。双方签完此离婚协议书以后，毛某带着女儿生活，李某也每月按时给付抚养费。

由于离婚手续是五年前办理，当时的消费水平较低，如今女儿已经上学，教育费用是一大笔支出，另外生活费、医疗费较之前也都有所上涨。李某每月给付的800元，已经完全不能满足女儿现在学习、生活的需求。毛某曾多次向前夫李某提出了变更抚养费的要求，但都被一口回绝了。毛某表示不希望因为这个问题与孩子的父亲对簿公堂，怕给女儿幼小的心灵带来阴影，希望镇人民调解委员会能够帮忙解决。

调解员先核实了毛某提供的相关材料，与其陈述的事实基本吻合。调解员随即与李某取得了联系。李某接到调解员的电话后，态度很冷漠，起初没有接受调解的意向，推说工作很忙，不太方便接电话，就挂断了。由于双方矛盾积压已久，快刀斩乱麻式的调解方案肯定行不通，只能分别进行谈话调解。调解员遂先与毛某进行沟通，表示就现实状况而言，也赞同女方提出变更抚养费的申请，现行的《婚姻法》对此也有相关规定。但基于双方二人都有工作，建议女方在800元的基础上不要涨太多，经协商后毛某表示希望能将抚养费上调至1200元。

调解员再次拨通了李某的电话，向其简单叙述了一下利害关系，希望李某能够接受调解。当日下午，李某来到镇人民调解委员会，情绪有点激动。李某反映离婚时已协议好每月给付800元抚养费，并且房子和车也都给了毛某。调解员先安抚好李某的情绪，待其冷静后再为其解读法律条款。《中华人民共和国婚姻法》第三十七条规定："关于子女生活费和教育费的协议或判决，不妨碍子女在必要时向父母任何一方提出超过协议或判决原定数额的合理要求。"调解员通过摆事实、讲道理，化解了李某心中的疑惑与不满，并告知如果调解失败，毛某将向法院起诉，而法院很可能会支持她的诉求。见李某低头不语，调解员又说毛某要求的并不多，只是在原有800元的基础上再涨几百元钱，希望李某看在女儿的分上不要过多计较。李某说再考虑考虑。

在核实完双方具体情况以后，调解员制订了本案的办案调解方案：

首先，调解需要在双方自愿、合法的大前提下进行。任何一方反对调解，都不得开展调解，调解必须合法，不得损害国家、集体和其他公民的利益。其次，公平调解，不偏不倚。在调解过程中，要站在一个适中、公平的角度，客观分析双方的现实状况。再次，要反复协商，各案各法。此案中，双方矛盾积压过久，离婚后彼此私下各不相见，调解员只能约两人分别进行调解谈话，多次劝解，避免调解过程中将矛盾扩大化；最后，动之以情，晓之以理也是必要手段。婚姻家庭成员之间，即便已经离异，依旧有法定的责任，这一点必须向李某言明，这是化解矛盾、缩小差距、平衡对抗心理的一种调解方法。婚生女虽由毛某抚养，但永远都是李某的血亲。对孩子而言，当事人双方矛盾越少，越有利于她的身心健康和成长。通过入情入理的分析，促使双方反省自己，以责任冲淡化解分歧。

此后，调解员又与双方多次协商沟通，最终于2019年3月20日，毛某与李某就抚养费问题达成和解，抚养费由800元变更为1300元，在每月10日前打到毛某指定账户上。抚养费变更协议签字之日起生效，次月起执行，直至女儿18周岁。李某在不影响孩子学习的情况下，每月可以探望一次，探望时必须由毛某陪伴，每次探望时必须提前通知毛某，李某不得私自接走孩子。

# 兄弟借款纠纷调解案

天津市静海区委政法委　黄泽建

白某甲与白某乙系亲兄弟，住天津市静海区良王庄乡某村，均务农。白某乙因给儿子购买车辆，资金不足，遂向二哥白某甲借款2万元，但是白某甲称手头没有钱，没办法借给白某乙。随后，兄弟俩的母亲（现已故）知道了这件事，称弟弟第一次向哥哥借钱，不借钱不合适，容易伤及兄弟感情。母亲主动拿出2万元给白某甲，让白某甲借给白某乙。白某甲按照母亲的想法，借给白某乙2万元。

一年后，母亲过世。白某甲因为身体不好常年吃药，需要这2万元买药和生活，所以向弟弟白某乙提出要回当初借出的那2万元。而白某乙手头没有现金，需要等粮食卖出换回钱，再考虑还款。过了几天，白某甲预计白某乙的粮食应该卖出了，就又去索要借款，因为和弟媳沟通不善，说了很多难听的话，两人争吵了起来。白某乙知道后很生气，就说那2万元是老母亲的钱，不是白某甲的，因此他根本就不需要还钱。双方不能达成一致意见，故白某甲找到镇人民调解委员会，请求调解。

调解员耐心听取白某甲的叙述后，首先对其情绪给予安抚，让其不要着急，因为借钱时未打欠条，没有任何法律依据，所以调解起来有相当大的难度，但是鉴于二人是亲兄弟，调解员还是会从亲情入手进行调解，尽量帮他们解决此次纠纷。

为了做好调解的前期准备工作，调解员来到村委会对双方情况进行了解。村委会工作人员称确实听说过白家两兄弟借款的事情，并且了解到白某乙近两年因为多方面因素家庭收入减少、生活困难。

调解员请双方当事人来良王庄乡人民调解委员会，向双方说明这种情况属于借款纠纷，可以通过调解或者诉讼的方式解决。鉴于此纠纷涉及的金额不大，而且没有任何法律凭证，建议通过调解的方式解决。此时白某甲的老婆也怒气冲冲来到了调解室，称借钱的时候是看在兄弟的分上没有写借条，没想到对方就不认账了。白某乙也大声嚷嚷起来，说现在日子不好过，手头比较紧，从来没说过不还钱，只是想再拖一阵。双方为此争执起来，情绪都曾一度失控。调解员见此情形，便将当事人分隔开，分别进行调解。

调解员心平气和地对白某甲夫妇指出：“不要为了2万元钱伤了和气，尤其当初老母亲在世的时候，为了两兄弟的手足情，主动拿出这2万元钱，现在他老人家不在了，你们二人更要守护好母亲的这份心，不要因为这区区2万元钱而伤了感情。亲人本来是互相帮助，互相疼爱的，尤其在一方有困难的时候，另一方更要守望相助。况且按照我国《继承法》规定，你老母亲离世后，你们兄弟都是合法的继承人，这2万元钱，也不该归你一人所有，白某乙对此也知情，但是仍然愿意归还此借款，说明他很珍惜老母亲在世时对你们手足情的付出，借条的事情就不要再提了，兄弟之间和气生财。”之后调解员来到白某乙所在的调解室对其进行劝说，此时白某乙也怒气未消，称其二哥二嫂不讲亲情，自己家庭收入近期出现困难，当初借钱的时候兄嫂俩就不愿意帮忙，现在又跟催账一样天天催款，自己从来没想抵赖过，只是想往后拖拖，用得着把兄弟往墙角里逼吗？调解员待其稳定情绪后向其讲解：“你当时借钱的时候没有借条，如果不是你二哥念亲情能不找你要借条，就直接把钱给你吗？但是当时你们确实约定了还款期限，而你确实是违约在先。你的家庭收入出现困难，据我们调解员在村委会和邻居那了解到的情况，你二哥这几年家里孩子上学，给你们老母亲操办后事也花了不少钱，你不能只想到你单方面的困难啊！”白某乙听了调解员的这番话后也觉得很是惭愧，坦言自己也是在气头上，但是确实还需要一段时间才能把借款还上。

调解员再次让双方来到调解庭，让双方面对面，心平气和地解决此事。白某甲夫妇得知白某乙经济确实有困难后，主动提出可以延期还款，并且不约定利息，但是希望白某乙这次写张借条。白某乙提出自己现在粮食已经出售，虽然手头紧点，但还是会先把钱款归还白某甲。

2018年12月18日，在调解员的不懈努力下，借款双方到良王庄乡人民调解委员会签订调解协议，白某乙当场一次性支付白某甲钱款2万元。

# 生产经营纠纷调解案

天津市静海区委政法委　李　翔

黑龙江省程某（52岁），投亲在天津市静海区某镇居住，并从事农业承包、打工等事宜。安徽省刘某（51岁）长期在某镇某机械厂打工，程某与刘某在打工时结识。2018年3月，程某找到刘某，提议共同承包桃树林。程某陈述，该桃树林共17亩，每亩400元，共需资金6800元，并以他管理过果园的经验，认为承包经营桃树林后效益可观，比在工厂打工强得多。刘某深思熟虑后，也认为这是件好事。程某缺乏资金，提出让刘某出资8000元，以后管理和生产经营过程中产生的费用由程某负责，并答应分给刘某7亩熟桃林。这期间，刘某在家建房子，回某镇以后一直在工厂打工，程某一人管理桃林。桃熟的时候，程某按照口头约定给了刘某7亩熟桃林。由于没有经营桃林经验，加上刘某本人又是托人销售，刘某只售出了750斤熟桃。刘某认为吃亏太大，提出退出承包，但账目问题一直没有得到满意的解决，因此刘某多次找到程某家里索要投资款项，经常赖在程某家里不走，还口出脏话，严重影响其正常生活，两人因此经常发生口角，还试图以暴力或蛮横的方式来达到目的。调解之前两人曾多次闹到派出所，矛盾比较深，影响很恶劣。最后，在派出所的引导下，两个人于2018年12月28

日一起来到某镇人民调解委员会申请调解。调委会受理了此纠纷案件，并指派调解员进行调解。

在调查了解过程中，调解员详细询问了整个案件的成因始末，并对事件做了多层次多方面的分析：首先两人联合经营桃树林并没有签订书面合同，只是口头约定，发生纠纷时，难以举证和分清责任；其次当两人发生矛盾时，没有采取适当的方式沟通解决，而是试图通过暴力手段，以伤人伤己的方式来达到目的，结果适得其反，还对社会造成了恶劣影响；最后两人文化水平都比较低，没有任何法律知识基础，遇事容易不考虑后果，做出极端且违反法律的事情。听完调解员的分析后，两人觉得非常有道理，司法所工作人员也对其普及了一些相关的法律知识，此事焦点最终落在了投资数额和利益分配的问题上。程某认为：共同投资经营是双方认可的，刘某半路退出一段时间，在老家盖房子，回来后又在工厂打工，从未参与过对桃林的管理。而且在过去双方友谊的基础上，依然给了刘某某7亩熟桃林，这也是刘某自己认可的。刘某在工厂打工期间每月可以拿到四五千元工资，而自己每天在桃林干活，工钱如何计算，修枝整行、打药浇水、用工费都需要资金，仅购买电动喷雾器、大桶、水泵、软管这些就花费2550元，总计投资24150元，有发票为证。而刘某认为，自己是中途退出了承包，而8000元投资款程某一分没有退还，程某是给了自己7亩桃林，但这7亩桃林都没有长多少桃子，程某也没有认真管理过，所以总共才卖出熟桃750斤。虽然今年的桃价格好，但总共才收入3000元左右，而程某卖桃的收入比自己多。另外，程某提供的这些票据和用工人数，也不能确定真实性。

针对双方矛盾的焦点问题，调解员分别对程某、刘某两人进行了调解。根据存在的实事结果，调解员首先找到了刘某，与其摆事实、讲道理：一是刘某与程某共同承包桃林，刘某中途退出，程某给刘某7亩熟桃林。对此，刘某是认可的。没有卖好，是刘某自己不会做买卖。二是刘某并没有参与桃林管理，这段时间他在工厂打工也没少挣钱。三是刘某若对投资2万多元有怀疑，可以再仔细查看，购买生产设备都有发票，用工有人头数，也可以去调查证实。四是刘某三番五次到程某家里去打闹，严重影响了程某全家的正常生活，这是违法的。刘某沉默了半晌，认为调解员说得有道理，并说了心里话：刘某就是气不过，一起打工的朋友都笑话他被程某给骗了，自己觉得没有脸面。哪怕要回一分钱，刘某也知足了。随后调解员又找到了程某，并说出了刘某的真实想法，但程某对刘某的所作所为早已心生怨气，一分钱都不想出，但又担心以后刘某纠缠报复，最后提出由调解员做出裁决。调解员把双方叫到一起，依据《中华人民共和国合同法》第九十七条，提出了如下调解方案：口头合同双方已经协商解除，用于生产经营的工具设备，日后还可以继续使用，如果程某认可的话，拿出2500元给予刘某作为补偿，但前提是，刘某要彻底结束因此事对程某的纠缠，放弃打击报复的心理。随后，刘某主动承认了自己的错误，并诚挚表示道歉。程某也对这一调解结果表示十分满意，最后双方握手言和。

2018年12月28日，双方在调解员的主持下，共同签订了调解协议书，内容如下：程某将水泵、电动喷雾器、大桶等实物作价2500元，愿意以此作为给予刘某的补偿；程某给付刘某补偿款2500元，当场一次性交清；刘某以后不得以任何理由向程某提任何条件；此协议经双方自愿达成，具有约束力，双方不得以任何理由反悔。

# 损害赔偿纠纷调解案

天津市宁河区丰台镇政府　曾祥涛

天津市宁河区某村村民林某、金某是夫妻，其家庭属于政府特殊困难生活补助户。

2017年9月，同村村民宋某借用林某、金某夫妇二人的有效身份证给其弟弟使用。在夫妻二人不知情的情况下，其弟弟使用此二人身份证购置了机动车辆，且没有办理过户手续，致使林某、金某增加了不属于自己的大额私有固定财产，造成了林某、金某所享受的政府特殊困难生活补助金以“瞒报个人财产”为由被撤销。林某、金某享受的各种待遇随即取消，给林某、金某造成了经济损失。金某多次找到宋某要求赔偿生活补助金以及作为特困户享有的这一年来的医疗报销费的差价，要求宋某承担民事赔偿责任，但宋某拒绝支付赔偿这些费用。

无奈之下，2018年9月13日，林某、金某到天津市宁河区某镇人民调解委员会（以下简称调委会）申请调解。

调查过程中调解员了解到，宋某在村中人缘较好，其弟弟在做买卖车辆的中介活动中，需要身份证购置车辆，宋某帮助其弟找林某和金某夫妇借用身份证，林某、金某平时和宋某关系较好，没问借用理由就将身份证给了宋某。宋某弟弟用他们二人的身份证购买了车辆。民政部门清理冒领户过程中发现林某、金某的名下购置了车辆，不符合特困户的范围，于2018年9月开始，撤销了二人的特困户待遇。直到此时，夫妇二人才知宋某借用身份证买机动车一事，遂找到宋某协商，要求其补偿特困户资格被撤销造成的经济损失，宋某不同意进行赔偿，林某夫妇与宋某之间因此事发生矛盾。

调解员了解了矛盾纠纷发生经过后，向林某夫妇阐明，将户口本和身份证借给他人买车，二人将被认定为车辆所有人。因车辆登记具有物权公示作用，对于善意第三人，登记车主就是车辆所有人。如果登记车主认定为车辆的实际车主，依据《中华人民共和国侵权责任法》第四十九条之规定，如果机动车的所有人没有过错，一般不承担赔偿责任，但如果车辆的驾驶人存在无证、酒后驾驶等情况，那么车辆的登记车主也应承担相应的赔偿责任。调解员还告知林某夫妇已违反《中华人民共和国居民身份证法》，由于自身存在过错，故经济赔偿不可索要过高、多余的费用。同时，调解员多次找到宋某，通过已经发生过的案例为他释法，告知其冒用别人的身份证件已然违法，当前林某夫妇要求民事赔偿合法合理，其应当积极配合，否则对方起诉，届时他需要支付的赔偿可能更多。调解员劝其早日想办法将林某夫妇名下的机动车辆过户转走，并以林某、金某家庭生活困难为感情线，晓之以理、动之以情，最终宋某同意支付赔偿金给林某夫妇。其后，在调解员组织下双方面对面就民事赔偿问题达成一致意见，如下：

1. 宋某早日将林某、金某名下的机动车辆办理注销手续，以尽快恢复二人的特困户待遇。

2. 宋某一次性补偿林某、金某2018年9月至12月的困难补助金，每月536元，4个月合计2144元。

3. 在民政部门批准恢复林某、金某的特困户待遇之前，应有的各项经济待遇由宋某补齐。林某、金某的特困户申请在办理批准之后如有多收的钱款，则如数退回给宋某。

4. 林某、金某的特困户申请在办理批准之前需要缴纳新农合医疗保险，相关费用由宋某支付。

调解员在调解过程中，注重运用法律和相关案例阐释案件性质，又注重对农村特困户的人文关怀，从情感上感化当事人，从法理上说服当事人，通过以案释法，使得当事人意识到自己的错误，促进了纠纷的解决。

# 交通事故纠纷调解案

天津市宁河区司法局　吴顺成

刘某驾驶小型普通客车在宁河区某道路由东向西行使，左转进入某路口时与骑自行车由西向东横过公路的张某发生碰撞，造成张某十级伤残、两车损坏的道路交通事故。经公安交通管理部门认定，刘某对本次事故承担主要责任，张某承担次要责任。双方对本次事故的认定结果不存异议。经查，本次事故所涉车辆投保了机动车交通事故责任强制保险和第三者责任保险且处于保险期内。刘某、张某与保险公司在赔偿金额上不能达成一致，为尽快解决纠纷，当事各方向天津市宁河区某镇人民调解委员会申请进行调解。

调解员在调解过程中了解到，张某的家属提出了明确的损害赔偿金额，刘某也在事故发生后对车辆进行了维修并支付了维修费用。保险公司表示，仅能在机动车交通事故责任强制险和第三者责任保险赔偿限额内赔偿张某；对于刘某的车辆维修费用，保险公司表示仅可承担70%，剩下的30%不予承担。对此，刘某要求张某承担车辆维修费用的30%，但张某拒绝承担。

在明确了案件事实后，调解员确定了本案的焦点在于赔偿数额的确定。针对案件焦点，调解员组织了有相关经验的律师进行讨论分析。律师认为在司法实践中，一般按照责任认定书的比例进行赔偿；保险公司的意见符合《中华人民共和国道路交通安全法》和《中华人民共和国侵权责任法》的法律规定；因张某在本次事故中承担次要责任，应承担刘某车辆维修费的20%。

调解员根据律师的意见，首先与张某及其家属取得联系，指明了张某在此次事故中存在的过错，并转达了律师的专业意见及在司法实践中此类案件的一般解决方式，告知其应当承担相应的责任。随后，调解员又找到了刘某，向其说明了张某的康复情况及家庭经济状况，劝解刘某适当减少维修费赔偿金额。

经过调解员几次奔走劝解，刘某最终同意降低车辆维修费赔偿金额，张某及其家属表示同意承担相应的维修赔偿责任；保险公司在机动车交通事故责任强制险和第三者责任保险赔偿限额内对张某进行赔偿，张某及其家属亦表示同意。

调解员依据《最高人民法院关于审理人身损害赔偿案件适用法律若干问题的解释》的规定以及与涉案当事人协商的结果，确定了赔偿项目及赔偿数额。在调解员的主持下，当事双方达成了人民调解协议，调解工作圆满完成。当事双方均对本次调解结果表示满意，并对人民调解员的工作表示认可和感谢。

本案是一起机动车交通事故侵权纠纷案件，人民调解员依据《人民调解法》《最高人民法院关于审理人身损害赔偿案件适用法律若干问题的解释》《最高人民法院关于审理道路交通事故损害赔偿案件适用法律若干问题的解释》等相关法律，对双方当事人进行了调解。在本次案件调解中，调解员严格按照调解工作要求，做到了在依法、自愿、平等、尊重当事人诉讼权利的原则下开展调解工作，保证了调解协议内容的合法性。

# 婚姻家庭纠纷调解案

天津市宁河区司法局　吴顺成

李某（男）与宋某（女）均是农村户籍，双方于2016年1月举行结婚仪式。因女方年龄未到达法定婚龄，因此，双方未办理结婚登记手续。之后，二人同居育有一女。因双方经常为家庭琐事争吵，无法共同生活，宋某在2018年6月提出分手并想要孩子的抚养权和抚养费，李某同意分手，但也争取孩子的抚养权和抚养费。双方争执不下，宋某向天津市宁河区某镇人民调解委员会（以下简称调委会）提出调解申请。

调委会在收到宋某的调解申请后，立刻组织人员制订调解方案：第一步，调查案件事实，调委会联系了当地村委会主任和派出所民警，了解双方当事人的家庭背景和个人情况；第二步，实地考察双方实际情况，通过走访，询问当地村民了解二人的同居情况，是否经常发生矛盾，是否发生肢体冲突等；第三步，根据双方的实际情况，调委会认真研究，选派了调解经验丰富、善于调解婚姻家庭的优秀人民调解员王某、蔡某等四人主持调解，开展调解工作。

调解中，宋某称，李某虽然平时对自己挺好，但是性格冲动，易生气，经常与人发生冲突。在家里的时候，更是经常与自己发生矛盾，自己实在无法忍受才提出分手。此外，宋某还指出，在宋某提出分手后李某经常去骚扰宋某的父母，甚至还出言威胁，搅得家里人无法正常生活，因此希望此事能够尽快解决。

李某解释，二人虽然没有领取结婚证，但是举办了婚礼，为了使一家三口过上更好的日子，自己一直都努力赚钱养家，虽然自己平时脾气是有点大，但是也会控制，从来没有动过手。另外，李某强调，自己经常去宋某家是觉得和宋某的感情还没有彻底破裂，仍有和好的希望，只是自己没有采用正确的方法，行为的确过激了一些，导致事态恶化。但是自己确实很想挽回这段“婚姻”，不想让孩子受到伤害，如果不能挽回，只希望能够争取到孩子的抚养权，也算是给这段“婚姻”留个念想。对于孩子的抚养问题，李某认为自己有经济能力，能够抚养孩子，并且孩子一直由自己的父母抚养，孩子跟自己生活，更有利于孩子的身心健康。

调解员了解清楚情况后，采取“背对背”方式跟双方谈话。在与李某交谈中，调解员以讲道理为主，告知李某自身的过错，遇事应该冷静，不要急躁，要注意方式、方法，要学会控制自己的情绪。以李某去宋某家闹事为例，指明这种行为是不正确的，一旦宋某父母报警，他很有可能会因寻衅滋事罪被追究法律责任。在听完调解员的一番话后，李某认识到自己行为的严重性，称自己也觉得对不起宋某。但李某强调宋某也存在过错，自己之所以经常对宋某发脾气，是因为宋某经常不做家务，甚至还需要自己的父母来照顾她。所以李某认为，宋某并不适合照顾孩子，而自己则可以好好抚养孩子长大成人。

调解员又单独和宋某谈话，与宋某和其家人进行沟通，转达了李某的要求。宋某称自己不愿放弃孩子的抚养权，虽然自己年纪比较小，但是不能因此质疑自己抚养孩子的能力，而且，自己舍不得孩子，不想以后看不到自己的孩子。此外，宋某指出，李某脾气不好，不适合照顾孩子。宋某的家人也表示可以帮忙照顾好孩子，同时希望李某以后不要再打扰自己的生活。调解员结合宋某的言谈举止以及其年龄小这一事实进行劝导，指出从有利于孩子成长的角度而言，李某的经济条件完全优于宋某，而且孩子自出生后便跟随李某父母生活，由李某一方继续抚养更合适一些；同时，调解员指出，宋某如今年纪尚小，总是要再组建新的家庭的，虽然单亲妈妈也很伟大，但是在择偶时还是会被“另眼相待”；最后，调解员指出，根据《中华人民共和国婚姻法》，未直接抚养子女的一方享有探望权，即使由李某抚养孩子，宋某也可以探望，至于宋某担心的李某脾气不好的问题，倘若李某真的做了不利于孩子身心健康的事情，宋某也可以申请变更抚养权。

李某也积极向宋某表示，考虑到孩子也需要母爱，今后宋某可以经常去看孩子，自己非但不会阻止，相反，还希望宋某能够多和孩子沟通。同时保证自己今后不会去打扰宋某及其家人。

最后在调委会调解下，双方达成了一致意见：宋某放弃孩子的抚养权，并支付孩子抚养费；李某以后不再去打扰宋某的生活，并配合宋某看望孩子，同时为自己先前的不当行为向宋某及其家人道歉，宋某表示谅解。

双方签订调解协议，如下：

1. 男女双方自愿解除非婚同居关系。

2. 宋某放弃直接抚养女儿，女儿随李某生活。

3. 女方一次性支付女儿自此时至成年所需抚养费人民币8

万元整，约定其他费用由男方自行承担，无须女方支付。

本案中，首先，调解员要坚守自己第三方的地位，利用自己的旁观，帮助当局者厘清纠纷主要矛盾所在。在面对纠纷时，当事人常因情绪激动夸大矛盾或认不清事情的真相，这就需要调解员站在一个中立的角度客观对待当事人的陈述。在本次调解中，调解员除了听取宋某和李某的陈述外，也询问了某些村民有关双方的具体情况，从而使得调解员对此次事件有了客观了解。其次，在具体调解工作中，调解员坚持将法治与德治相结合，从法律的角度出发，告诉双方应该承担的责任，坚持以情动人。对李某进行耐心劝导，告知其要为自己的子女做出良好榜样，要控制好自己的情绪；对宋某，则劝导其宽容。在调解员们晓之以理、动之以情的努力下，最终使得各方当事人都各退一步，达成了和解。

# 征地拆迁纠纷调解案

天津市宁河区司法局　刘瑞雪

2015年9月初，天津市宁河区某村计划发放涉及村庄东部土地上树木的土地流转地上物补偿款。该批树木是由村民张某所种，但是村民李某声称该批树木中的一部分应该归自己所有。双方争议导致地上物补偿款迟迟未能发放。村委会人员通过实地查看发现，涉及地上物补偿款的树木确实位于李某的土地。对此，张某的说法是：这些树木原本是应该种在自己地里的，因为栽种的地点位于自己经营土地的边缘，导致自己种树的时候一不小心种在了李某的地里。李某表示：当时就曾让张某尽快把树移回其自己的土地上，但张某无动于衷。现双方就争议树木及其补偿款归属产生了纠纷。

调解员接到当事人张某的调解申请后，首先了解了事件的经过，在征得另一方当事人李某同意调解的前提下，与当事人确定时间、地点，分别对双方当事人就此争议进行了单独调查并加以记录。调解员对双方当事人所述事实进行分析对比，查找纠纷关键所在，同时了解双方当事人的诉求并制订了调解方案。随后，调解员就所掌握的事实以及依据，与双方当事人约定了时间、地点开展调解工作。调解过程中，对张某占用李某土地种树一事，双方均表示知情。但是，李某表示：虽然最初同意张某在自己土地上种植树木，但随后自己有意向种树时已经告知张某。对此，张某也表示认可。鉴于双方当时认可的上述事实，调解员告知张某，其占用李某土地的行为于法无据、于理不合，李某有权让其挪走树木。随后，调解员又与李某进行说服工作：李某虽然是受损一方，但是损害结果的发生也与他自己曾经允许张某进行树木种植有关，如今双方产生矛盾，李某也有一定的责任。最后调解员建议：树木补偿款归李某所有；李某从中拿出一部分补偿张某的树苗以及人工等费用。

双方当事人在镇人民调解委员会主持下同意了上述调解方案并达成调解协议。争议树木的地上物补偿款最终由双方平分；双方均对己方在事件中的过错向对方道歉。至此双方握手言和，该纠纷得到圆满化解。

调解员在调解过程中，对于承包地权益归属的认定符合《中华人民共和国物权法》《中华人民共和国农村土地承包法》的规定，地上物的可期待利益的认定也符合《中华人民共和国民法通则》《中华人民共和国合同法》关于诚信原则及意思表示的规定，协议内容具有合法性。此类纠纷在农村土地流转中时有发生，均是由于村民法律意识薄弱、贪图一时之利所引发。因此，调解工作中需走进农户进行相关的法律宣传，并坚持以下调解原则：

第一，深入剖析事实依据，运用法定程序化解纠纷。调解员遵守调解程序，多次实地查看地上附着物种植情况，实地走访，为当事人讲解法规、道理，依正当程序达成协议，事后回访双方协议的履行状况。这些处理方式秉承尊重事实、恪守法律的原则，依法化解纠纷。

第二，灵活处理村民矛盾，坚持公正客观化解纠纷。调解员在调解工作中不仅尊重双方当事人的请求，而且注重当事人之间的情感引导，情理交融，利用心理特点与感情基础进行沟通，最终达到双方和好如初的调解结果。

# 工伤死亡纠纷调解案

天津市静海区委政法委　姜涵文

2019年4月3日，某派出所接到报警，对方称辖区内某小区发生了一起死亡案件。经调查，天津市某装饰工程有限公司（以下简称甲公司）装修工人刘某在该小区铺砌卫生间瓷砖的过程中因碰到浴霸开关触电身亡。死者家属和甲公司就赔偿金额无法达成一致，死者刘某的亲朋好友50余人从老家赶来帮忙讨说法，双方在派出所僵持两天互不让步。为尽快帮助双方解决纠纷，防止矛盾进一步升级，2019年4月8日，该案转至某镇人民调解委员会（以下简称调委会），由调委会和某派出所共同调处。

2019年4月8日，调解员到派出所同死者家属和甲公司负责人协商。死者家属提出赔偿金额不能低于60万元，甲公司表示只能赔偿40万元，双方就赔偿问题僵持不下。

经了解，死者家属尚未处理死者的丧葬事宜，一直在等待甲公司给个满意的说法。甲公司也很同情死者的遭遇，毕竟在公司工作了10多年，但是认为刘某意外身亡是电工操作失误所导致，公司只能本着人道主义原则进行部分赔偿，其余赔偿部分应该由电工承担。在获悉以上情况后，调解员找到了突破口，分别与双方进行沟通协商。

死者大女儿刘某宁说父亲跟着甲公司老板干装修10来年了，家里一直靠着父亲的收入维持生计，母亲身体不好长年吃药，妹妹还在上大学，父亲才51岁就出了这样的事，家里人可怎么活啊。还说父亲是跟着甲公司老板干活出的事，这个钱就应该由甲公司老板赔，表示自己也咨询了其他人，人家说可以赔偿80万元，现在要60万元的要求并不高。其他家属也纷纷表示赞同。调解员一方面安抚刘某宁和其他家属的情绪，对其不幸遭遇深表同情；另一方面从相关的赔偿政策、甲公司的赔偿态度和能力以及近年来工伤死亡的赔偿案例等进行详细解说，帮助其分析60万元兑现的可能性。动之以情、晓之以理，劝其不要感情用事，解决问题要合乎情理。在调解员的耐心劝说下，死者家属的态度有所缓和，表示愿意继续同甲公司协商赔偿事宜。

于是调解员又开始做甲公司的工作。甲公司由陈某、崔某、张某三人共同成立。目前该公司承包了某镇某小区部分室内装修项目，室内装修由崔某负责，水电改造分包给公司的张某。陈某等三人表示是张某的工人李某在工作过程中存在失误导致浴霸漏电才造成刘某的意外死亡，应该由李某进行赔偿。调解员告知陈某等三人，根据《工伤保险条例》第十四条规定，职工在工作时间和工作场所内，因工作原因受到事故伤害的，应当认定为工伤；该条例第六十二条指出，依照本条例规定应当参加工伤保险而未参加工伤保险的用人单位职工发生工伤的，由该用人单位按照本条例规定的工伤保险待遇项目和标准支付费用。而刘某是在工作期间意外死亡的，且甲公司没有缴纳工伤保险，电工李某也是该公司的工人，所以甲公司应该承担赔偿责任。调解员为甲公司陈某等三人解释了相关的法律规定，陈某等三人的态度也不再强硬，而且回忆起刘某工作10余年一直勤恳本分，如今刘某家里没有了顶梁柱，一家老小的日子也不好过，所以也同意继续协商赔偿事宜。

经过调解员的反复调解、协商，2019年4月8日下午，死者家属和甲公司陈某、崔某、张某等人就赔偿金额达成一致。4月10日，双方在调委会签订赔偿协议书，主要内容如下：

1. 甲方（甲公司）一次性给付乙方（死者家属）各项损失共计人民币53万元，甲方赔偿乙方的损失包括死亡赔偿金、一次性死亡补助金、丧葬费、供养亲属抚恤金、住宿费、交通费、处理丧事人员误工费、精神损害抚慰金等。

2. 甲方于本协议签订日一次性将该笔款项通过银行转账及现金方式给乙方。

3. 因甲方将该笔款项给付到乙方刘某宁个人银行卡中，日后涉及乙方每个人的继承款、抚养费等均由乙方几个人内部自行处理，甲方不就赔偿款份额对乙方进行分配；若日后乙方就该笔款项因继承和抚养费等事宜发生争议或诉讼，均由乙方内部自行处理，与甲方无任何关系，乙方每个受益人均不得以任何理由、借口向甲方再主张权利。

4. 本协议一式三份，由甲乙双方各执一份，镇人民调解委员会存档一份，本协议书经甲乙双方及委托全权代理人签字盖章后即生效。

签订协议后甲公司即时支付了死者家属现金32.7万元（包含刘某生前工资7000元），但另有21万元一直没有到账，刘某的亲朋好友50余人一直在调委会等待。经过多方共同努力，4月10日晚11时许，该笔款项才正式结清，死者家属出具了收条。双方握手言和，并对调解员的耐心帮助表示了感谢。经后期回访了解到，死者的后事已安排妥当。至此，该纠纷圆满解决。

# 社区居民矛盾调解案

天津市宁河区芦台镇朝阳花园社区　张雅杰

2019年7月6日，朝阳花园社区居委会工作人员下户巡查佳园小区时发现有居民闹矛盾：小区某幢4单元502住户马大姐说自己家的房顶漏水，管道老化严重，区住建部门建议1—5楼西侧住户整体更换下水管道以彻底解决问题，整体更换下水管道需要大家共同出资，可是有的业主不同意出资，这给马大姐带来了很大的烦恼，不知道怎么办，希望居委会干部能够帮忙解决。

居委会工作人员听了马大姐的这一烦恼后，回到社区马上找到居民调解小组，开会商讨此事的解决办法。

会后大家先是下户到每家核实情况，征求每家的意见。一楼的红太阳商户说，自家一楼下水管道也漏水了，跟楼上协商过，楼上都不同意更换，他们说自家修自家的。于是工作人员又来到二楼了解情况，二楼居民态度不是很好，在询问中发现原来之前与一楼商户存在过矛盾纠纷，一直没有解决。二楼居民说，一楼商户装修时候，私自拆改承重墙，导致自家地面下陷，一楼商户拒负责任，现在一楼漏水他觉得自己也没有必要承担责任。工作人员又来到了三楼询问意见，三楼居民没有说过多的话，也没有很多抱怨，说自己家下水管道漏水都是自己家修的。之前大家组织收取卫生费，打扫小区内卫生，像这种有益的事，一楼商户都不同意。而且一楼商户私自拆改承重墙，三楼室内地面也塌陷了，一楼也没有承担责任。调解员又来到四楼了解情况，四楼态度也很明确，不同意出资更换，说自己家出现问题自己解决。

了解了以上情况后，社区工作人员开会研讨。先找来社区志愿者张慧娟共同商讨。最后决定把涉及水管更换的所有住户聚在一起，共同协商。7月7日晚上，大家吃过晚饭后坐在了社区会议室共同协商。志愿者张慧娟说道："咱们现在的问题是整体更换下水管道。大家可能之前存在矛盾，之前一楼商户因为私自拆改承重墙，对大家房屋造成损害，没有承担责任；还有就是佳园小区一直处于无物业管理状态，组织大家收缴卫生费，也是有人一直不配合，导致矛盾激化，现在我们调解一下。根据《建设工程质量管理条例》第六十九条，违反本条例规定，涉及建筑主体或者承重结构变动的装修工程，没有设计方案擅自施工的，责令整改，处50万元以上100万元以下罚款，房屋建筑使用者在装修过程中擅自变动房屋建筑主体和承重结构的，责令整改，处5万元以上10万元以下的罚款，有前款所列行为，造成损失的，依法承担赔偿责任。一楼红太阳商户应该承担因拆改承重墙导致楼上居民地面塌陷的责任。"听到这里，一楼红太阳商户说同意赔偿楼上居民住房的维修地面资金。大家看到红太阳商户表态并承认错误，也都开始高兴起来，觉得事情没有想象的那么困难，矛盾也没有想象的那么深。社区书记孟庆喜说道："现在面对的问题是整体更换下水管道，五楼屋顶漏水，一楼下水管道漏水，说明咱们整体管道老化，需要整体更换，需要大家共同出资，大家说说建议吧。"四楼用户表态说：“我家地面暂时还没有出现问题，如果出现问题时候一楼商户能够负责任，我就同意更换下水管道并出资。”红太阳商户说：“好的，我愿意，随时出现问题我随时给您维修。之前二楼、三楼住户，地面出现问题是自己维修的，我把钱补给大家。”二楼住户说道：“既然这样，你也不用补钱给我了，当时花了多少钱我也给忘了，你就直接花在维修下水管道上吧，维修管道我就不出钱了，就当你补给我了。”三楼住户也这样说。这样，水管更换问题基本解决了，工作人员调和了一下现场气氛，希望大家以后能够和睦相处。

社区书记孟庆喜说：“以后遇到事情，我们需要先冷静，坚持‘稳定压倒一切’的方针，坚持把‘事要解决’作为矛盾纠纷排查工作中的重中之重，坚持力量下沉，有效疏通民意渠道，把矛盾化解在萌芽状态，坚持抓早、抓小、抓苗头。下次遇到矛盾纠纷可以直连联系我们社区，我们会积极帮忙，有些矛盾，如果说出来，大家坐在一起说说各自意见，很容易解决，都不算什么大事，毕竟是邻里之间，经常见面的，我们大家共同努力创造和谐、稳定、安全的社区环境。”

# 夫妻矛盾调解案

甘肃省玉门市司法局　党继军　马尚成

2018年1月23日，家住玉门市独山子东乡族乡某村的王某来到乡人民调解委员会，请求调委会帮助处理其与丈夫马某的婚姻家庭纠纷。

经了解，王某与马某两人已结婚20余年，并且有两个孩子。刚结婚时夫妻俩非常恩爱，彼此能容忍各自的缺点，但当王某生完孩子并且生病以后，夫妻矛盾不断出现，经常因为家庭琐事发生争吵，马某还时常殴打其妻王某。起初王某觉得夫妻之间打打闹闹还能容忍，在吵完架以后还耐心劝说马某，但王某的容忍并没有让马某有所收敛，马某嫌她唠叨，并且殴打王某的次数越来越多。就这样夫妻矛盾持续恶化，最后闹到要离婚的地步。

乡调委会受理纠纷后，立即联系马某到乡调委会调解室进行调解，但夫妻二人见面后情绪激动又吵了起来。调解员首先给他们端上一杯清茶，让他们各自冷静一下，不要互相谩骂。然后，调解员请他们分别诉说各自的不满和困难。王某表示结婚20多年自己很爱这个家，为这个家付出很多，每天带着病看孩子还要收拾家务、干地里的农活，本来就累，但是马某个性强势非但不体谅，还经常动手打人，长此以往实在没办法共同生活。马某对王某的诉说很不服气，表示自己每年都外出辛苦打工，目的也是让家里更富裕，让老婆孩子过得更好，但王某嫌弃自己挣的钱少，每次外出打工回来总是和自己争吵，自己回家后没有感觉到家的温暖。调解员仔细倾听夫妻俩的诉说后，指出双方经常吵架的根源是缺乏沟通，告诉他们“十年修得同船渡，百年修得共枕眠”，要珍惜现在的婚姻生活。

在调解的过程中，调解员首先采用“背对背”调解法进行调解，单独与他们逐个谈话，指出各自存在的缺点和不足，严肃批评了马某的家暴行为。《中华人民共和国反家庭暴力法》第三十三条规定：“加害人实施家庭暴力，构成违反治安管理行为的，依法给予治安管理处罚；构成犯罪的，依法追究刑事责任。”调解员告诫马某切不可再动手打人，公民的人身受法律保护，丈夫没有打老婆的权利，再这样下去会走向犯罪的深渊。其次，调解员采用“唤起旧情法”进行调解，在情绪疏导上做工作，帮助双方回想感情美好的时光，告诉双方夫妻间磕磕绊绊在所难免，但亲情是一辈子的纽带，只要双方相互包容，相互体谅，多留心对方的优点，少盯住对方的缺点，家庭自然会和睦美满，并反复强调夫妻离婚不能太随意，不能太草率。经过调解员一番苦口婆心的劝导后，夫妻俩都意识到自身的错误，表示愿意接受调解，日后遇事要冷静、克制，愿意再试着过日子。

在听完双方意见后，调解员提出自己的调解意见：1. 马某必须书面承诺往后不再实施家暴行为，否则将追究相应的责任。2. 马某要惜家爱家，要关心王某，对王某的病要及时寻医治疗。3. 王某需改善沟通方式，忌反复唠叨，不要总是拿自己的丈夫和别人对比，凡事记得给马某留余地。夫妻二人听了调解员的意见后，一致表示同意，当场签订了调解协议，重归于好。

为了巩固调解成果，一个星期后调解员又做了一次回访，询问夫妻两人近来的家庭生活状况及存在的困难，临走还不忘叮嘱夫妻二人在今后的生活中要各自反省错误，要勇于改正，要有担当。夫妻二人感激万分，马某再次保证以后不会胡乱动粗，王某也表示自己会注意沟通方式，两人会好好过日子。就这样，在调解员真诚、耐心的调解下，挽回了一个面临破碎的家庭。

# 农户工资纠纷调解案

甘肃省玉门市司法局　黄万元　党继军

2018年2月13日，玉门市柳湖乡小康村杨某等68名农户向柳湖乡人民调解委员会反映，称他们2017年夏季在玉门市某瓜菜农民合作社务工，合作社以无钱为由一直没有给他们发放劳务工资，累计金额达28万余元。因当事人双方未签订劳务合同，双方各执一词，纠纷久拖不决，遂请求调委会调解处理。乡调委会对此纠纷高度重视，立即指派经验丰富的调解员进行调解。

经调查，该案涉及的68名农户，以打短工为主，农户与合作社双方以口头约定了农户具体工作的时间、任务、工资等，后由合作社向农户出具工资欠条。虽然农户多次找瓜菜农民合作社法人陈某讨要工资，但陈某以无钱为由迟迟不予支付，由此引发了矛盾纠纷。在向农户调查并充分了解了纠纷发生的原因后，柳湖乡调委会一方面对情绪激动的农户做好思想安抚，向他们宣传《劳动法》《劳动合同法》等相关法律知识，另一方面立即联系该瓜菜农民合作社法人陈某，询问了事情的经过。针对陈某经营不善，无力支付的说辞，调解员依据《劳动合同法》相关条款对陈某进行了批评教育，向陈某申明无故拖欠农民工工资是违法的，情节严重的可能会违法犯罪，告诫陈某不应该以没钱为由一直拖欠农户的工资，必须优先支付农户工资。通过多次耐心细致的说服教育，陈某终于表示尽快筹措资金，兑付农民工工资。

经过多方努力，陈某最终筹措资金13万元。在调委会的协调下，农户代表与合作社经过沟通，双方达成协议，由合作社按拖欠农户工资比例先行支付68名农户50%的工资，剩余所欠工资由合作社另行出具工资欠条并承诺付款时间，调委会根据双方达成的意见制作了调解协议书。最终，陈某按照调解协议约定，在调委会的监督下，双方根据用工考勤表制作了工资发放表，逐人发放了工资，并对剩余欠款出具了支付保证书，承诺如果不按保证书约定时间支付剩余欠款，将由柳湖司法所协助农户申请法律援助。至此，一起群体性农户讨薪纠纷得到成功调解。

这是一起涉及人数较多且没有劳务合同的纠纷。农户领不到被拖欠的工资，情绪比较激动，易出现一些过激行为，处置不当，有可能导致恶性群体性事件发生。

调解人员认为，在处理此类纠纷时，要防止态度生硬、冷脸相向，要做到热情接待、耐心倾听，以取得双方当事人对调解员的信任；随时跟踪告知处理程序和可能的结果；充分发挥人民调解便民、快捷的优势，用尽可能短的时间迅速化解矛盾，防止“久拖不办”现象的发生。同时，在调解过程中，调解员要承担起普法宣传员的责任，告知农户应依法维权而非采取过激行为或非正常上访渠道解决利益诉求。

# 农民工合同纠纷调解案

甘肃省玉门市司法局　党继军　马丹妮

2018年2月27日，李某等13名农民工向玉门东镇人民调解委员会反映，称他们在2017年8月20日至2017年11月20日在玉门东镇某公司从事房屋修建工作，工程结束后，包工头以工程款未结算为由一直没有给他们支付劳务工资，累计金额达12.568万元。因当事人双方未签订劳务合同，双方各执一词，纠纷久拖不决，遂请求玉门东镇调委会调解处理。玉门东镇调委会对此纠纷高度重视，立即指派经验丰富的调解员进行调解。

经调查，王甲承包了某公司房屋修建工程，并在家乡找来了13名农民工组成施工队进行施工。工程进行到一半，承包人王甲因突发性疾病去世。王甲去世后，该工程项目经理王乙继续带领工人完成剩下的工程。工程施工期间，王乙曾阻挠工人询问工资发放情况。工程结束后，王乙带领工人到公司讨要工资，声称王甲没有给他们结算。但公司负责人董某说早已将工程款结算给王甲，且王甲将工人工资交由王乙代为发放。但由于董某和王甲是多年好友，结算工程款时没有留下任何书面证明，现在王甲过世，死无对证，双方各执一词，由此引发了矛盾纠纷。在向农民工调查并充分了解纠纷发生原因后，玉门东镇调委会一方面对情绪激动的农民工做好思想安抚，向他们宣传《劳动法》《劳动合同法》等相关法律知识，另一方面立即联系王甲家属，询问了事情的经过。董某和王甲家属双方均认可董某向王甲支付工程款一事，王甲也曾向家属口头表达过让王乙代为支付工人工资一事。

经过多方调查，发现王乙存在赖账嫌疑，但因王甲已去世，且没有留下任何书面证明，因此无法起诉指证。在玉门东镇调委会的协调下，经过沟通，双方达成协议，由公司出于人道主义先行支付13名农民工50%的工资，剩余所欠工资由公司出具工资欠条并承诺付款时间，调委会根据双方达成的意见制作了调解协议书。最终，董某按照调解协议约定，根据双方用工考勤表制作了工资发放表，在调委会的见证下，逐人发放了工资，并对剩余欠款出具了支付保证书，承诺如果不按保证书约定时间支付剩余欠款，将由玉门东镇司法所协助农户申请法律援助。至此，一起群体性农户讨薪纠纷得到成功调解。

这是一起案情复杂且没有劳务合同、付款证明的纠纷。作为弱势群体的农民工因手中缺乏有力证据拿不到工资，本已支付工程款的企业负责人也因没有书写付款证明而无法免除责任。在调解初期，农民工因领不到被拖欠的工资，在赖账嫌疑人的煽动下，情绪比较激动，出现了一些过激行为，若处置不当，有可能导致恶性群体性事件的发生。为此，在处理此类纠纷时，调解人员除了了解案情的来龙去脉，耐心做双方当事人的思想工作外，还要依法调解，尽可能快速化解矛盾纠纷，防止“久拖不办”引发群体上访。

# 子女抚养纠纷调解案

甘肃省敦煌市委政法委　魏学军

本案当事人闫某，经人介绍与男方刘某相识，并于2004年8月19日登记结婚，育有两个女儿（长女2003年出生，次女2009年出生）。由于双方在婚前缺乏沟通了解，婚后没有共同语言，经常为一些鸡毛蒜皮的小事吵架，导致夫妻感情完全破裂。2013年1月7日，双方在某市民政局婚姻登记处协议离婚，并签订了离婚协议。当时协议约定，长女由男方刘某抚养，次女由女方闫某抚养。但现实情况却是：一直以来，两个女儿都随女方闫某的父母生活，衣食住行皆为女方父母在照顾。2017年6月23日，闫某来到敦煌市司法局莫高司法所寻求帮助，要求变更长女的抚养权归自己，并将长女的户籍迁到自己名下，同时要求刘某支付相应的抚养费，包括离婚之后由闫某父母照看女儿期间产生的费用（本应该由刘某支付的部分）和变更抚养权之后至成年之前每月应当支付的抚养费用。

受理纠纷后，调解员立即前往女方所在村组及女方父母家中调查情况。经调查，调解员证实了女方所说，随后分别约见了双方当事人，了解双方的真实想法，并约定次日组织双方在莫高镇司法所调解室进行调解。调解过程中，男方称女方在婚姻存续期间不仅没有尽到妻子的责任，而且经常夜不归宿，导致夫妻感情破裂。他不但不愿意承担孩子的抚养费，而且也不愿意将长女的户籍进行迁移。调解员根据了解的情况提出了很多女方抚养孩子的优势，并从有利于现在男女双方都另已成家的事实等方面情况进行分析调解。但刘某只同意将长女的抚养权变更给女方闫某，不同意支付抚养费，并声称自己已经组建了新的家庭，又有了孩子，妻子也没有工作，经济上比较困难。由于原离婚协议中含糊的约定，案件一度进入了僵持阶段。接下来，调解员不厌其烦、耐心细致地劝说刘某：闫某的父母已年迈，作为长女的生父，更应该承担起抚养责任来。经过调解员的一再劝说，告知刘某抚养费必须承担，孩子他可随时探视，刘某这才同意根据自己的能力每年支付少许抚养费。

经调解，双方自愿达成如下协议：1. 双方同意将长女的抚养权变更到闫某名下，刘某配合将长女的户籍迁至闫某名下。2. 刘某每年向闫某支付长女的抚养费1000元直至长女18周岁，并在每年8月20日前付清当年的抚养费。至此调解成功，本案终结。

# 赔偿纠纷调解案

甘肃省敦煌市委政法委　郭继军

家住河北的徐某，来到老乡卢某在敦煌经营的工厂打工，在工作期间，由于工厂发生火灾，导致徐某意外死亡。徐某的两个儿子徐甲、徐乙认为工厂老板卢某未及时报警，而且在消防车到来之后也未及时将自己的父亲救出，导致父亲死亡，因此要求卢某赔偿70万元。而工厂老板卢某认为，其父徐某爱喝酒、爱抽烟，就在事发当天还找卢某本人喝酒，喝酒抽烟后将烟头乱扔导致了火灾的发生，事故的发生死者也有责任。双方经过多次调解未能达成一致意见。徐甲、徐乙称不想打官司，只想尽快解决纠纷，因此向七里镇人民调解委员会提出调解申请。七里镇人民调解委员会受理了此案，并指派经验丰富的调解员进行调解。

在调查了解过程中，调解员与双方进行了多次沟通，了解到双方矛盾集中在赔偿金额认定上。卢某认为火灾的发生死者也有责任，且事故发生后，死者家属多次找人“教训”卢某，给卢某的身体、财产造成了很大的伤害和损失。他愿意给予死者家属10万元作为补偿，并将免除对死者家属多次闹事的追究。但是死者家属坚持要求赔偿70万元，并指出，因为父亲突发事故，许多亲戚都来敦煌处理此事，所以医疗费、误工费、精神损失费等赔偿都不能少。本案中，由于双方的赔偿金额差距较大，双方各持己见，互不相让，调解难度很大。

针对双方矛盾的焦点，调解员组织相关部门进行案例讨论分析。根据《甘肃省工伤死亡赔偿标准》，调解员认为死者家属所要赔偿金额过高，且死者家属多次找卢某闹事，给卢某身心造成了损害，其中发生打人、砸车等过激行为均可追究刑事责任。调解员根据相关部门的意见，首先与死者家属进行了沟通，明确指出死者家属的违法行为以及死者对这次事故的发生也有责任。调解员表示很理解死者家属所遭受的痛苦，但也应该替去世的父亲着想，尽快将此事解决。在调解员的多次开导劝说下，死者家属慢慢松口表示可以降低其诉求。此后，又经过多次调解，死者家属同意了调解员的调解建议，工厂老板卢某也诚恳地向死者家属表达了歉意，双方最终握手言和。

2016年1月18日，双方签订了调解协议书，内容如下：该厂负责人卢某支付徐某家属死亡赔偿、丧葬费、亲属误工费等各项费用共计38万元；徐甲、徐乙等人砸坏卢某汽车的损失由卢某本人承担，徐甲、徐乙不再承担经济损失，双方就此事达成一致意见。此调解为一次性调解，双方在今后不得以任何借口、理由找对方就以上事项进行索赔。38万元分两次付清，2016年1月21日前支付20万元，剩余18万元在2016年3月8日前一次性付清。

调解协议签订完毕后，敦煌市七里镇人民调解委员会协助双方当事人向敦煌市人民法院申请了司法确认，以赋予人民调解协议强制执行的法律效力。

人民调解工作是法、理、情的统一，调解过程中，沟通的技巧和能力就显得尤为重要。在调解过程中调解员坦诚中肯，情理交融，慢慢让死者家属打开心结，降低诉求，最后促成了协议的达成、纠纷的解决。当调解员面对当事人利益诉求差距较大时，应从以下三个方面入手：有法可依，降低预期；分析利害，趋利避害；灵活变通，打破僵局。调解委员会在调解中力求做到一碗水端平，而不是偏袒哪一方，真正成为具有公信力的第三方。损害赔偿纠纷情况各异，一定要从双方实际出发，针对不同的情况制订调解方案，采取不同的调解方法，晓之以理法，动之以真情，努力缩小双方差距，达到双方都满意的调解结果。

# 赔偿纠纷调解案

甘肃省敦煌市公安局　吴志军

2018年4月15日，某镇农户刘某去自己家的棉花地干活时发现，棉花地里被灌满了水，且与自家棉花地相邻的4块地上的庄稼也全部被淹，损失严重。

经调查，2018年4月15日，某镇某农场三站在浇水时没有提前告知水路沿线农户，且未完全尽到巡查水路的责任，同时，农户彭某在上次浇完水后，没有把地水口子堵住，对自家枣树地水口子疏于管理。以上疏忽造成下列事实：2018年4月15日，三站浇水时，水从彭某的枣树地水口子流出，导致刘某3.95亩棉花地、崔某5.81亩棉花地、孙某3.3亩葵花地被淹，损失严重。被淹农田面积共计13.06亩。

本案争议焦点在于：三户村民的庄稼被淹到底是谁的责任？农场在浇水前，没有告知农户要浇水的事宜，需要承担责任吗？彭某没有加固自己的地水口子，需要承担责任吗？如需承担责任，相关方需要承担多少比例的责任？

收到调解申请后，该镇人民调解委员会高度重视。因为本案涉及损失赔偿的农户有三户，且被淹的庄稼面积很大，是此镇近年来发生的被淹庄稼面积最大的一起水事纠纷赔偿事件。经镇调委会认真研究，立即选派了调解经验丰富的人民调解员张海涛、刘建忠，以及该村人民调解员张东平三人开展调解工作。

本案系水淹庄稼引发的赔偿纠纷。当事人彭某认为，农场在浇水时，必须尽到通知义务，提前告知队长或者农户，让大家提前收拾好地口子；往常浇水之前都有人通知，如果他本人知道浇水的事，肯定会提前把口子打好。因此，彭某认为自己没有责任，这完全是农场的失误造成的。但农场认为，农户应该对自己的农田负主体责任，看管好自己的庄稼地，且彭某的地水口子属于自己私开的地水口子，不合理，农场负责人认为彭某应该负部分责任。

多次调解无果后，彭某情绪开始变得激动，说话语气粗重，并且与其他农户发生了争执。受损失的农户见此情况后，情绪也变得不稳定，声称要去上访。农场负责人见状也说不管了，让农户自己去闹吧。

调解人员召开会议，认真研讨分析，达成共识：事情并没有发展到要进入司法程序解决的阶段，应该早做工作、早化解。根据各方当事人争议的焦点，调解员认为责任认定及责任比例确定是本案调解的关键，目前农户已经存在的损失是不可忽视的事实。

由于农村的矛盾纠纷具有一定的特殊性和复杂性，双方对责任划分分歧很大，农户要求赔偿的数额与其实际受损失的数额相差较大，调解难度大。三名调解员就本案多次走访农户、水管站、农场，以及处理过类似矛盾的队长，相互交流探讨处理方案。经过翻看《梁家堡村村规民约》发现：在浇水过程中，农户对自己农田负有主体责任，应看管好自己的农田不受损害；浇水的农户应该严格控制好水流的大小及流向，保证自己和别人的庄稼不受损害；浇水主体应在浇水前告知农户浇水事宜。

农场在浇水前，没有提前告知农户，且在浇水过程中，没有尽到巡查义务，导致水从彭某地水口子流出，且流了12个小时，对本次损失负有主要责任。水从彭某家地里流出，彭某对农田地的看管负有主体责任，且在浇水前、后，彭某理应将自家的地水口加固好，而彭某并没有这么做，这也是水淹庄稼的重要原因。被淹面积总共为13.06亩（彭某的地除外），调委会工作人员实事求是，根据当时市场行情，协调确定了损失。调解员以案说法，以情说案，晓之以理，动之以情，积极引导双方当事人先认清自身存在的问题，然后不断深入、耐心细致地做双方当事人工作，最终促使各方达成一致意见。

2018年5月2日，当事人签订调解协议书，内容如下：受损农田面积共计13.06亩，损失金额共计17301元；其中，棉花地9.76亩，每亩赔偿1350元；葵花地3.3亩，每亩赔偿1250元。由该农场承担损失赔偿的70%，共12111元；由彭某承担损失赔偿的30%，共5190元。刘某、孙某、崔某应及时做好农田复耕，对以后造成的损失自行承担。

在以后的浇水过程中，农场应提前告知农户或者水路所经过组的组长，且认真落实巡查责任；农户在平时要加强对农田水口的管理，避免同类事件发生。

本案的难度在责任认定及划分上，纠纷的化解需要调解员综合运用法律、政策、村规民约等多种手段，深入细致地做当事人的思想工作。调解人员主动寻找“突破口”，因案制宜，转变调解思路，正确合理化解矛盾双方的症结，这才是最正确的调处方式。

# 讨薪纠纷调解案

上海市青浦区朱家角镇调解委员会　徐新云　许　伟

2018年7月30日，正值大伏天，那天下午烈日当空，骄阳似火，天气十分炎热。朱家角工业园区康欧路699号的“上海某包装制罐有限公司”六楼楼顶上，站着一个名叫贺某的人，扬言要跳楼自杀。朱家角镇调解委员会知悉后，立即派人驱车前往。此外，公安青浦治安大队、沈巷派出所、青浦消防支队、青浦救护大队等有关部门也纷纷派车派员到场，对贺某进行规劝解释。高温的天气，站在水泥场地上汗水直冒，大家都汗流浃背，衣服全湿透了，但劝说工作仍有条不紊地进行着。经过几个小时的努力，贺某终于被规劝下楼。

常说事出有因，贺某欲跳楼的原委还得从头说起。2018年6月初，上海某包装制罐有限公司将该公司的制罐车间发包给贺某（贺原先有制罐经历，对该行业有所了解）。承包合同开始后的6月初起，贺随即招人干活，主要从事的是大水桶罐、小水桶罐和月饼罐的制作，其中小水桶罐的制作报酬为每只0.30元，这包含小水桶罐罐身0.21元，盖子0.09元。由于贺某在生产工艺、质量、数量等方面的管理未能跟上，再加上自己经常在外吃喝、唱歌、跳舞，对自己所承包的业务不加管理，任由职工们自己操作，自行记录出勤，记载完成生产任务数。故而每天规定的7500只（小水桶罐）的生产任务，经常仅能产出6000多只，有时甚至不到6000只，而职工们自己记录的完成任务数则是每天都超过7500只。不仅如此，这些产品还存在质量问题。第一个月所生产的小水桶罐就因盖子不合格，在装运至上海业务单位时遭到退货。

面对经营不下去的窘境，贺某向发包方表示不做了，要求结账，还提出小水桶罐罐身的制作价格每只0.40元，擅自加价0.10元，总计结账14万多元。发包方测算后发现总额是8万多元，便拒绝了贺某的加价要求。于是，贺某就以老板不愿发工资为由，煽动这些不明真相的职工于7月30日上午一同至青浦区劳动争议仲裁委员会要求帮助解决，但仲裁委员会未予受理。主要原因：一是此类争议属于承包合同纠纷而非劳资纠纷；二是本月有31天，还有个7月31日，结账发工资时间未到，发包方支付工资时间定为8月10日，因此从时间上也属正常。于是贺某就采取了爬上发包方楼顶，扬言跳楼自杀的过激行为。

7月30日傍晚，贺某被规劝下楼后，旋即被送至沈巷派出所，发包方法定代表人也一同到场，双方就具体价额进行了协商。因为有30余名职工的工资急待支付，双方商定由发包方支付12万元，扣除已预付的2.9万元，尚需支付9.1万元。职工的工资实行的是计时制，即按职工所处的工序、岗位、技术难度等情形确定，每小时13元至20元不等。多数职工已在事先确定了工时价格，有5名假期工按每小时13元或14元给付。

因贺某扬言跳楼的过激行为，给人们带来了一定的恐慌并造成较坏的社会影响，同时，还惊动公安、治安、消防、救护、司法等部门到场，造成了国家资源的损失，因此，公安机关于7月30日夜，对其做出了行政拘留5日的处罚。

7月31日，调解员会同朱家角工业园区综合治理负责人等至上海某包装制罐有限公司，依据上述这些职工的出勤记录和约定价格，全额付清了职工工资，共计8.7万余元。随着30余名职工工资的全额付清，一场即将激化的矛盾纠纷终于了结，从而达到了确保一方平安的目的。待贺某再度与发包方商谈结账时，调解员再度到场，与朱家角工业园区综合治理负责人及发包方一起将向职工发放工资的情况，一一向贺某做反馈通报，并详加说明。其中，15名职工事先向贺某预借的15679元已经扣回，另外，贺某还有4000余元（报酬）可以领取。

本案调解要点如下：

1. 本案中的矛盾具有多重性，既有承包人贺某与发包方之间的纠葛，又存在30余名外地来沪人员（职工）与老板之间的矛盾纠纷。受贺某的煽动，有10多名不明真相的职工至青浦区劳动争议仲裁委员会讨说法。当贺某因过激行为被行政拘留、羁押于青浦看守所时，这些职工若拿不到工资，极易与发包方再生矛盾。

2. 尽管发包方与贺某已商定由发包方支付12万元，扣除发包方已预付的2.9万元，尚需支付9.1万元，其中需付职工工资8.7万元，但这些职工中有15人也向贺某预借过15679元，如在给付工资时不予扣回，待贺某拘留期满回来结账时，已无法向这些有借款的职工收回借款，这又将产生新的矛盾纠纷。知道这些情况后，我们预案在先，工作在前，故而在向职工发放工资时扣回了这15679元，从而避免了双方之间矛盾纠纷的再次发生。

# 用工纠纷调解案

上海市青浦区朱家角镇调解委员会　陆东华

2018年8月10日早上9时许，一阵吵闹声打破了朱家角镇司法所的寂静。随着争吵声走进来七八个人，其中一名男子被围在当中，双方情绪都很激动，声称要找司法所人民调解委员会工作人员进行调解。工作人员先让被围的男子马某谈一下纠纷的起因。马某称：他是朱家角镇西湖新村安装安防系统项目工程的一名负责人，7月底因工程进度需要再招几名工人，遂通过朋友介绍在一个微信建筑群联系到中介李某，委托李某雇几名农民工来干活。马某与李某在微信上谈好每名农民工每日工资为180元，工人住宿由马某负责安排，一日三餐由工人自己负责解决。随后，李某介绍了7名农民工于8月1日上午从江苏来到马某的工程地，并于次日起为马某工作。8月9日，这7名工人的工头易某询问马某他们每天的工资，马某告知易某每天的工资是已经与李某谈好的180元后，易某立即跳了起来，说李某跟他们工人说的是每天380元，并称如果他们干得好的话可以在这里工作半年，随即双方起了争执并于当日报警。警察了解情况之后建议他们双方隔日来朱家角镇人民调解委员会调解协商处理。

司法所调解工作人员在初步了解双方争议事项后，要求双方提供各自实际应支付或应收到的每日工资的依据，但双方都无法提供有效的证据，只是称每日工资价格都是与李某谈好的。在此情况下，调解人员要求马某现场联系中间人李某，但李某手机关机联系不上。调解中双方当事人彼此又都不愿让步，调解一时陷入僵局。

调解人员针对现场情形，果断采取分别谈话的方式。先把马某请到另外的工作室谈话，指出其工作上存在的不足之处和漏洞。马某听了调解人员的分析之后，也意识到自身的错误，并表示只能接受工人的日工资金额，不接受工人提出的其他条件。调解人员随后又与工头易某进行沟通谈话，告知其如果不能与马某协商一致的话，就只能通过法律诉讼途径解决此事，又给易某分析相关途径的种种后续流程，建议其退让一步，毕竟走诉讼途径，既耗费精力与财力，最终法院还不一定完全支持其全部诉求。易某在听取了调解人员的意见之后，表示愿意接受马某的条件。最终通过调解人员的努力，双方签订了调解协议书。

在本案中，此次劳资纠纷争议要点在于每日薪资的具体数额。本案中马某与易某等人未签立书面劳动合同，且与中间人联系商定工资时并未留下相关证据，而易某等人亦无法提供自己与中间人商定的每日工资的证明。《中华人民共和国劳动合同法》第十八条规定：“劳动合同对劳动报酬和劳动条件等标准约定不明确，引发争议的，用人单位与劳动者可以重新协商；协商不成的，适用集体合同规定；没有集体合同或者集体合同未规定劳动报酬的，实行同工同酬；没有集体合同或者集体合同未规定劳动条件等标准的，适用国家有关规定。”故而最终由双方协商决定并签订协议书。

# 游客突发意外纠纷调解案

上海市青浦区朱家角镇调解委员会　朱金根　辅绍凤

陶某与沈某是一对80多岁高龄的老夫妻。在2018年7月17日那天，他们相携来到古镇朱家角游玩，经过朱家角菜场时，打算顺便走进去看看，陶某走在前面，沈某走得慢，落在后面。沈某在上台阶进门口时，被在菜场里经营水产的陆某撞了一下，不慎滚落台阶，当场摔蒙了。陆某见状，把她扶起来后就去上厕所了。沈某感觉就是那个扶她的人撞了她，就守候在厕所门口，等陆某出来询问是否他撞的时，陆某矢口否认。这时候，陶某回头找老伴，听见陆某这样的说辞，就果断选择了报警。警察到现场后，一边询问当时的情况，一边寻找目击证人（当时有两个菜场的人证明是陆某撞的），并及时调出现场监控，确定陆某就是那个与沈某相撞的人。

看到沈某痛苦的表情，陶某预感这一跤摔得不轻，于是马上带沈某去朱家角医院。经拍片检查，沈某右胳膊肘粉碎性骨折，需要手术治疗。老夫妻觉得朱家角这边医疗条件有限，再者，他们住在静安区往返很不方便，就提出去上海第六人民医院医治。陆某先给了2000元（写了借条），当天近傍晚才到上海第六人民医院，彼时医生已对沈某做了一系列检查，确定要住院做手术，并要求先交6万元押金。老夫妻的两个儿子都在国外，他们马上给儿子打了电话，通过儿子的同学，找到了上海第六人民医院的专家医生。第二天住院并手术，共花去医治费用45376.84元，护工护理费320元。在此之前双方当事人（沈某手术后还在康复期，委托老伴陶某全权代理）已经约谈了几次。由于双方诉求差距太大，未能达成一致，这次他们找到了朱家角调解委员会请求再次进行调解。

调解员先听取了双方当事人的诉求。陶某表示要求陆某承担2万元，自己承担剩余的费用。陪同来的陆某女儿说，她也咨询了有关部门，自己父亲与人相撞，不用负法律责任，最多出于人道主义，稍微补偿一点，他们最多补偿4000元。陶某一听非常激动，猛地站了起来，用手指着陆某大声呵斥，指责其当时就想赖账，迫于事实不得不认，现在又要耍赖皮。

这番对话，导致双方矛盾加剧，给调解工作带来了不小的阻力。调解员见此，面对面的调解已经行不通，就采取了背靠背的调解方法。调解员跟陶某沟通了陆某的实际困难，指出陆某退休工资很少，只有1000多元，现在还在做生意，补贴家用。陶某表示，如果对方态度良好，可以稍做退让。调解员在和陆某交谈时，陆某也表示，觉得自己倒霉，上个厕所就发生这样的事情，但终归希望这次能解决好。只是陆某女儿态度强硬，表示不能同意对方的要求，最多再加2000元。

通过调解员从不同角度多方面做工作，陶某做出让步，提出赔偿不能少于1.5万元。陆某也终于同意，以1.5万元解决此事，不过先前支付的2000元要包含在内。见双方的心理预期差距越来越小，调解员便再去做陶某的工作。陶某终于做出让步，同意1.6万元（包括先前支付的2000元）一次性解决。双方签了协议书，并当场兑现了协议资金，为这次调解画上了句号。

根据《中华人民共和国侵权责任法》第十六条的相关规定，侵害他人造成人身损害的，应当赔偿医疗费、护理费、交通费等为治疗和康复支出的合理费用。本案中，陆某撞到了沈某并对其造成了人身损害，陆某就此应对沈某的后续治疗承担相应的责任。

# 蔬菜损失赔偿纠纷调解案

上海市青浦区朱家角镇司法所 陆金木 许海英

2018年7月15日早上，家住朱家角镇安庄村和平247号的罗某急匆匆赶到安庄村人民调解委员会办公室，他带着一脸愤怒和不满说道：“河道管理人徐某雇用的河道保洁员为贪图省力在和平南宅基地河道两旁打草甘膦，河道两旁村民种植的蔬菜被喷洒到了草甘膦，全部枯萎致死。现在村民们正和他们激烈地争吵着要求赔偿损失。”听完罗某的叙述，调解员基本了解了事情的概况，于是立即启动调解预案，避免事态的恶性发展和矛盾的激化。

第一步：勘查情况，调和对峙僵局。

现场的查看情况与罗某叙述的内容基本吻合，有近20户村民种植的蔬菜受到损害。调解员请来了家住朱家角镇先锋村188号河道管理人徐某来到安庄村14组党员议事室进行洽谈。调解员发现徐某因为此事受到其上一级领导的问责，也承受着不小的压力。现在，他也认识到了事情的错误性质，愿意进行赔偿，但他觉得村民们提出的2500元赔偿金过高，不能接受，认为赔偿金额最多2000元。之后调解员又顶着盛夏烈日挨家挨户走访了此次蔬菜受损失的村民，把徐某对于此次事件的态度、他的难处以及愿意赔偿的最大金额跟村民们进行沟通调解，从法、情、理上进行启发和疏导。

第二步：情理兼容，促成平衡点。

为了尽快调和促成双方的平衡点，调解员再一次请来了河道管理人徐某和村民们委托的队长罗某来到安庄村人民调解室进行调解。调解员让徐某对于此次事件作出回应，并且让其保证今后加强管理绝不再发生此类事件。在调解员的悉心劝说下，罗某认为之前提出的蔬菜赔偿金额并不算高，毕竟都是村民们花了时间和精力辛苦种植出来的，但是看在徐某承认错误态度较好，更看在调解员大热天不辞辛劳地挨户调解劝说，经过征求村民们的意见，同意降低赔偿金额。

最后，双方自愿达成了协议：河道管理人徐某一次性赔偿村民蔬菜损失共计人民币2000元，协议达成之日一次性付清；随着协议的完全履行，双方当事人之间不复存在其他权利义务之争，双方保证做到信守协议，履行各自义务，绝不反悔，如果肇事，则由行为人承担由此而产生的一切后果。

这是一起由管理人管理问题引起的损失赔偿案件。通过调解上述案例，给予了调解员很多思考和启发：

1. 调解过程中要注重“心”的运用。①诚心。调解过程中亲自到当事人家中或纠纷发生地了解案件事实情况。让当事人从内心深处认识到调解员解决纠纷的诚心。②耐心。在调解案件中，耐心不只是一种工作态度，还是一种有效的调解技巧。充分听取当事人的陈述，让其把话说完，消除心中的气愤，然后耐心说服，适时推出调解方案，并辅之情理释疑、晓之以利害得失。③公心。在调解中，要始终坚持公平公正的心态，抓住争议实质，为双方着想，以公心服人。

2. 调解过程中要注重“情理法”的结合。①束之以法。始终坚持以法治思维和法治方式来指导自己开展调解工作，正确使用法律，根据相关法律法规来调处纠纷。从而有效遏制相互推诿。回避责任的情况，为化解纠纷提供了先决性保障。②动之以情。气氛缓和后，让双方设身处地思考，这是纠纷局面得以突破的关键。本案中，调解员引导双方将心比心，明白各自的让步是为了更理性地维权，是最好的处理结果。③晓之以理。对于双方因为赔偿金额的问题而吵闹，调解时应该尽量调和争执，说明缘由，并妥善进行处理，方能化解矛盾。

# 邻里纠纷调解案

河南省清丰县高堡乡　王庆敏

2018年9月的一天，高堡乡范村刘某和妻子怒气冲冲来到高堡乡人民调解委员会（以下简称乡调委会）反映，说邻居王某在他们家房子外墙根烧火，把他们家的房子熏黑了，他们几次找王某理论，但王某非但不道歉，还动手打人，希望乡调委会介入，予以帮助调解。

乡调委会接到刘某调解请求后，就到刘某和王某家实地察看。调解员了解到的情况确实如刘某反映的那样。王某在刘某家墙根外整理掐辫子用的麦秆，对于整理后剩余的废料，王某直接用火给烧了，以致把刘某的房子熏黑了。刘某找王某理论，王某不但不道歉，还动手打人。气愤之下，刘某也对王某出手。王某顺势倒在地上，说刘某把她打伤了，并且拨打了120急救电话。120救护车来后，对王某进行了检查，发现只是轻微小伤，没有大碍，就离去了。就此，王某要求刘某赔偿其医药费，刘某则要求王某把墙粉刷好，两家为此争执不下。

在调处沟通过程中，调解员根据处理相邻权利冲突的基本原则，首先做王某的思想工作，劝告王某说："是你错在前，你不应该在别人家墙根点火，再说现在全国都在搞环保，你焚烧麦秆，是违法的。"又劝告刘某退让一步："诚然王某有错在先，你维护自己的权益没错，但不该动手，动手就有伤害，有伤害就要进行相应的赔偿。”听了调解员合情合理的劝说，最终两家握手言和，并达成如下协议：王某医药费自己出，并且保证以后不再点火；刘某自己把墙粉刷好。最后双方在调解协议书上签字确认。后经回访，调解协议得到履行。

本案是一起典型的邻里关系纠纷，处于相邻位置的业主在行使权利时，不得侵害邻居的合法权益。如果其行为会对邻居产生不良影响，双方应提前商量，一方在不影响自身权利情况下尽量给对方以便利。和谐的邻里关系是和谐社会的重要组成部分，解决邻里纠纷时，应当考虑到维持邻里关系和睦的因素，该较真的就较真，该和稀泥时就要和稀泥。处理邻里纠纷时要像对待家事一样耐心，要本着“远亲不如近邻”的理念进行调解。

# 赡养纠纷调解案

河北省赵县县委政法委　马庆朝
浙江省枫桥镇娟子工作室　蔡　娟

陈大妈今年75岁，一生嫁了三次。当她唐山的妹妹替她找到调解员时，她正在医院里住院，孤苦伶仃。陈大妈妹妹希望这次调解能帮陈大妈解决晚年的生活问题。陈大妈第一段婚姻时生了个儿子，等她儿子11岁时，陈大妈因为和孩子的父亲性格不合离异。后再婚嫁到邻镇，和第二任丈夫又生了两个儿子，等两个儿子初中毕业出门打工后，陈大妈的丈夫因病去世。而后，陈大妈就外出做保姆。在做保姆时，陈大妈认识了第三任丈夫冯大伯，当时冯大伯的三个儿子都在上高中，陈大妈和冯大伯结婚登记后一起把冯大伯的三个儿子供养到大学毕业。

正当冯大伯和陈大妈苦尽甘来时，不幸发生了，冯大伯突发脑溢血去世。冯大伯在世时，冯大伯的三个孩子还经常回家看望他们。但自从冯大伯去世后，三个孩子回家就越发少了。其中两个孩子说父亲留下的房子，要不是陈大妈在住，还可以卖了给三兄弟分呢。

这次陈大妈生病，六个子女一个也没来看她。她自己头婚生的儿子说家里负担重，妻子身体也不好，家里两个孩子还需要他照顾。陈大妈再婚生的两个儿子，一个在国外务工，一个在家。但二媳妇说，村里的人说当初陈大妈只顾自己去嫁人了，讨儿媳的时候也不管，所以现在不想来照顾陈大妈。陈大妈第三段婚姻的三个儿子不是她亲生，都说自己的父亲已经去世，陈大妈应该找自己亲生的三个孩子去照顾她才是。且都埋怨陈大妈在他们父亲生病时对他们的父亲照顾不周。

听了以上这些情况，两位调解员先去医院看望了陈大妈，并捐了800元生活急用款。两位调解员听取了陈大妈的真实想法后，分别给陈大妈六个孩子打了电话，但大家都没有表示出想照顾陈大妈的意向，还怨声载道，各说了一大堆自己的苦处。

面对这种调解境况，调解员认为应通过国家的司法援助政策帮陈大妈解决晚年赡养问题。于是，调解员帮陈大妈对接办理了司法援助事项，免费帮陈大妈打了赡养纠纷官司。

最后，法院的判决很好地解决了陈大妈的晚年生活问题。

老有所养、老有所依，是新时代老年生活的目标。调解员在调解无果的情况下，通过司法途径帮当事人达成正当的诉求，这也是调解员热心肠的表现。

调解并不是万能的，当有调解不成的事时，我们调解员也可以通过另一种有利于当事人的方式去解决。

# 名画损失赔偿纠纷调解案

余建华　孟焕良　时恩霞

春节在即，满城风雪，党的十八大代表、浙江省杭州市西湖区人民法院立案庭庭长陈辽敏，与一位人民调解员、两位特邀调解员再次来到画家赵某家中，调解一起因房屋漏水损毁名画产生的纠纷，此前该案已经进行了多次调解。

赵某系世界名人书画院理事、浙江省美术家协会会员、浙江中国花鸟画家协会会员、杭州市美协会员、杭州画院特聘画师。2012年8月，其邻居袁某和马某家搭建北面小屋，8月8日杭州暴雨后，该违章建筑改变了水流方向，导致画家放置在二楼靠墙木柜上的300余幅中国画受损并霉变。因双方争执未果，画家诉至法院要求袁某、马某赔偿损失160万元。事情发生后，画家的学生极力要求通过新闻媒体、网络、社交平台等社会力量来扩散、激化事态。

考虑到画家年事已高、身患疾病，且此事已给画家身体、精神都带来了伤害，陈辽敏携手人民调解员多次组织调解，从情、理、法多个方面做双方工作，但双方还是对责任分担和损毁画作价值有分歧，始终无法达成一致，且仅仅评估这些名画的费用就要将近几十万元，原告、被告双方都不希望把时间和资源用在评估和打官司上。

这时，陈辽敏想到了她的特邀调解员队伍，并从中挑出了两人——一个是律师，一个是资产评估师，与他们一起上门到画家家中再一次调解，律师和资产评估师各自从专业角度分析该案，与当事人反复沟通，一步步推进调解进程，最终双方达成了调解协议：袁某、马某补偿画家损失40万元。

春节前三天，画家收到了第一期补偿款，他握着陈辽敏的手，一遍遍说拿到这份来自法院的“年货”，自己感到宽慰。

“在这起案件调解中，两位特邀调解员发挥了重要作用。”陈辽敏说，这也是她牵头创建特邀调解员制度的初衷：通过吸纳一部分熟悉基层情况、掌握专业知识、具有丰富社会经验和协调能力的人员进入调解员队伍，增强调解效果。

西湖区人民法院支持陈辽敏通过向社会公开招募，层层筛选，于2012年组建起了一支由56名特邀调解员组成的政治素质优秀、业务素质精良的特邀调解员队伍，其中包括“最美妈妈”吴菊萍在内的8位道德模范。特邀调解员制度是西湖区人民法院健全诉调对接、完善大调解工作体系的重要创新，是整合多方力量化解社会矛盾的有益尝试。

（摘编自《人民法院报》）

# 交通事故赔偿纠纷调解案

浙江省诸暨市枫桥镇娟子工作室志愿者　楼新苗

2017年7月23日早上8点，娟子工作室接到枫桥镇大溪村调解志愿者楼新苗来电。楼新苗在电话里说他们村有一村民昨天在邻镇江藻镇村道上开车撞死了一位行人，找到他让他请求娟子工作室跨镇调解这场交通事故。

接到楼新苗来电后，娟子工作室的调解员娟子马上联系了枫桥镇调解志愿者联合会的调解专家毛仲木和枫桥派出所调解中心的首席调解员杨光照。三人汇合，叫上楼新苗和肇事方家属一起赶往诸暨市公安交通事故处理中队。办案民警一看枫桥调解队伍来了，马上热情地说："你们来了，我们就省心啦。"办案民警将这场交通事故的具体案情细细讲述了一遍。大家商讨后一致决定去该案发生地江藻镇调解，因为受害方是江藻镇人。

这时，娟子突然想到了同是诸暨市妇联创建的江藻镇詹大姐帮忙团工作室，决定和詹大姐会商联合调解此案。因为詹大姐帮忙团工作室在江藻老百姓的心中很有威望，且詹大姐又熟悉受害方情况。娟子马上联系了詹大姐，詹大姐也很快答应了一起会商联合调解此案。

来到江藻镇，詹大姐已在镇政府大门口等待大家。受害方家属七人也已在该镇司法所等待处理这场事故。调解员们看到受害方家属情绪没有像很多受害方家属那般激动吵闹，这给调解员掌控调解局势吃了定心丸。

调解员们先把受害方家属叫到另一个办公室，首先询问了受害方家属对赔偿的想法。受害方家属提出，只要按法律规定的赔偿就行。调解员现场按法律赔偿标准计算出是31.5万元。正在这个时候，死者的侄女和侄媳妇突然走进来，提出应赔偿38万元。这时，詹大姐把死者直系家属请到了另外一间办公室，跟他们分析了肇事方的有关情况，阐明了调解解决的好处。

最初，肇事方的妻子只肯赔29万元，说如果超过29万元就放弃调解了。于是，调解员就将肇事方的意向和家境同受害方家属说明。经过调解员的悉心调解，最终定下肇事方赔偿33万元。其中10万元当场付清，剩下23万元第三天到娟子工作室当面付清。

这场交通死亡事故虽然当事人涉及两个乡镇，但经过两个乡镇的调解室调解员积极会商联合调解，最终达成双方当事人一致满意的结果。

# 劳资纠纷调解案

浙江省诸暨市供电局　王文峰

其实，在日常工作生活中，人人都可以当调解员，这样做的目的只有一个，就是就地化解矛盾。

最近，诸暨市供电局正在开展“不忘初心、牢记使命”主题教育活动。单位的全国劳模、老领导何贝给大家上了一堂微党课。在党课上，他讲到要以用心、耐心、将心比心“三颗心”架起群众“连心桥”。平时我们电力系统的“老娘舅”阿力师傅也告诉我们行业性矛盾调解，要找到问题根源。两位电力系统劳模的经验之谈犹在耳旁，这不，这些经验在工作中马上就派上用场了。

2019年9月1日，已过饭点，我在苎萝二村现场催收电费。该村用户严某交费一向很及时，这个月却拖着迟迟未交，说是没钱交电费。我按响门铃，一中年妇女开门：“怎么又是你！不是和你讲了，过几天会去交的！”这时房间里传来一个男人的声音：“催！催！催！马上连西北风都喝不上了，电风扇也坏了，电费还怎么交。”猝不及防地，我当场呆愣。我问道：“到底怎么回事？还有，电风扇坏了，我可以帮忙看看。”进屋后，我试着检查这台电扇，发现没有异常，换个插座一试运行正常。帮他们家把墙插内部线头松掉的故障修复后，彼此的距离一下子拉近了，电费未交的原因也终于浮出水面。

原来该户是租房户，夫妻俩从外地来诸暨打工，现在一家私企上班，因家有急事，夫妻俩要辞职回老家，但在工资结算中被告知当月工资要到下月才能发。因没领到工资，就和老板李某发生了争吵，双方相互推搡，闹得不欢而散。

为保电费及时归仓，作为“电力老娘舅”的我，立马电话联系李某，李某回答说他夫妻俩劳动合同也没签，而且他们工作也没有几个月，按规定厂里工资要等到下个月才发，一口拒绝了当月发给他们工资的要求。

在进一步了解李某企业的生产经营状况后，我决定还是上门调解这次劳资纠纷。到了李某厂里，我简单介绍了一下自己，李老板热情地招呼了我们。为了让严某夫妻俩能提前拿到工资，我耐心地做李老板的思想工作，通过将心比心、换位思考，动之以情、晓之以理，在软磨硬泡一小时后，李老板最后答应给他们付清工资，大家握手言和，我与李某也互留了联系电话。

该户工资到手，电费归仓，皆大欢喜。

# 第五章

# 优秀调解员们的故事

在全国400万调解员队伍中（包括调解志愿者），涌现出了很多基层一线优秀调解员，有的调解员被评为“全国人民调解专家”和“全国模范调解员”。

因为有这么多调解员的公益付出，默默无闻地扎根基层一线，我们祖国才更加和谐，基层更加平安。有矛盾的地方就有调解员的身影，在调解员日常的调解工作中也发生着好多动人的故事。

# 老骥伏枥，奉献余热写辉煌

## ——记全国模范人民调解员葛连才

刘飞超

山东省临沂市兰山区的人民调解工作，作为全市社会管理创新的一大亮点，近年来，省、市有关领导多次前来调研，并先后3次召开现场会予以推广，司法部还以“东方一枝花”为题，制作了专题片。这其中，有一个人从机制探索到规范调解程序、亲历调解等各阶段均发挥了骨干作用。他便是葛连才，中共党员，原兰山区司法局干部，现为“诉调对接”的首席人民调解员。

从事过多年司法行政工作的葛连才，退休前就分管过人民调解工作。在2008年8月，当兰山区委政法委和区司法局决定探索人民调解与行政调解、司法调解开展“三调联动”、衔接调解的工作机制时，对此项事业情有独钟的葛连才同志欣然“出山”，接受返聘，成为人民调解委员会与法院“诉调对接”的首席人民调解员。从那时开始，一干就是6年多，累计成功调处各类矛盾纠纷达2100余件。6年多里，他往返于调委会、司法局和人民法院，奔波于矛盾纠纷双方当事人之中。其间，究竟跑了多少腿，说了多少话，操了多少心，谁也说不清楚。但人们深深地记得，那一件件因征地拆迁、旧村改造、拖欠工资、交通肇事、医患矛盾等产生的纠纷都被他“摆平”，还有那一桩桩将要发生械斗或群体性上访的案件，也因他的介入而化干戈为玉帛。

## 一、以情感人，以法育人，调解架起连心桥

作为一名人民调解员，他经常面对的是一张张怒气冲冲的脸，听到的是哭声、闹声、怨声和骂声，碰到的是一个个令人头疼的问题，做不尽的是烦事、难事。他紧扣“情、理、法”的调解“三字经”，把调解工作当作一份事业来经营。在他看来，群众纠纷无小事，因为许多小事如不及时调处就能演变成大事、难事。6年多来，他曾为湖南、山东等五省的多名农民工讨回欠薪；还曾经为一位台湾老先生调处了一起房屋侵权纠纷，帮其收回了属于自己的房子。记得那是一个夏天的上午，一位中年男子敲开了办公室的门，并询问：“这是调委会吗？”葛连才热情地接待了他。这位中年男子姓陈，其舅舅陆某系台湾人，因常回临沂探亲，于2000年6月份汇付1万美元给陈某，委托其在临沂市区购买楼房一套以方便探亲时居住。由于购房时一次性付清房款可以优惠，故陈某又垫付了部分资金，共计144186元，购买了一套楼房。双方约定：待将来陆某不再回大陆探亲，不需要房子时，陈某会按照购房时的原价将陆某支付的房款偿还，房子归其所有。2006年8月份，陆某又委托陈某为其装修房屋，陈某为此又垫付了36200元装修费。两年后，临沂房地产也悄然升值，2008年7月份陆某再次回大陆探亲，准备返台之时将楼房以25万元人民币的价格卖出。陈某得知后要求舅舅陆某按照当初的约定将房屋原价卖给他，或者将他垫

付的购房款、装修款返还，并要求平分高价卖房后的差价，陆某不同意陈某的要求，双方因此产生纠纷。

葛连才又进行了详细调查，了解到陆某是由于陈某对其疏于照顾才执意将楼房卖出。针对这个矛盾焦点，葛连才从双方亲情关系着手调解，列举陈某曾经也是尽心尽力地负责为其购房、装修，指出陈某现在是由于生意繁忙而无暇顾及，并非成心之过，使陆某念及陈某昔日孝心，放弃了对外甥的成见，同意返还陈某垫付的购房款以及装修款。

在对陆某做工作的同时，葛连才也在积极地与陈某沟通。鉴于陆某年龄以及经济来源情况，葛连才单独找到陈某，劝导其能够放弃垫付金额的零头部分，这样既能够减轻其舅舅的经济压力，也能从侧面显示他的孝心。经过工作，陈某最终放弃这部分款项，同意陆某只返还5万元。经过葛连才的努力调解，双方于2008年10月20日达成调解协议。一场关系亲情的民事纠纷以双方握手言和而画上句号，亲情关系得以继续维系。

陆某在返台之前，专程为兰山区人民调解委员会送来一面写着“大陆人民调解委员会，温暖台湾同胞心”的锦旗，握着葛连才的手表示感谢，并赞扬大陆人民调解员水平高。

令他记忆深刻的是，一起可能引发群体性事件的五省农民工讨薪案件通过他的努力得到化解。2010年7月17日，兰山区人民调解委员会接到以覃某为首，来自湖南、湖北、山东、四川、江苏五省等22人的申请，要求麻某支付从5月到6月两个月的劳动报酬。由于涉及人员比较多、面比较广，葛连才认识到这是一起群体性案件，处理不好可能会导致不良社会反应。于是他非常重视，细心逐个了解，汇总情况为：麻某为个体工商户，开了一家木板加工厂，申请人在2010年2月23日到木板厂工作，并按照工厂规章制度从事生产活动，但麻某从5月份起拒付工资，覃某等人多次催要，麻某一拖再拖，为了维护劳动者合法权益，所以他们到调委会申请调解。

葛连才立刻联系麻某到调解室，第一次调解，双方没有达成一致。葛连才再次敦促麻某来调解协商，他耐心给麻某讲解相关的法律法规，经过几轮这样背靠背、面对面的调解，终于，双方达成协议：麻某同意于2010年8月5日前一次性支付给申请人22719元，覃某等人自愿放弃利息；如不按期履行，则需支付利息。

纠纷解决了，覃某等22人都非常满意，葛连才也松了一口气。他总是这样以优质高效的服务，真心实意为人民群众排忧解难。

2011年3月15日，一位刘女士泪眼婆娑、情绪激动地来到人民调解委员会，请求调解她与婆婆李某之间关于其丈夫张某死亡赔偿金的纠纷。在刘某的哭诉中，葛连才逐步了解到，原来刘某的丈夫于2011年1月14日下午在外打工的时候，因病情突发，不幸身亡，为此相关单位给付了死亡赔偿金、精神抚慰金等共计15万元，并另行支付了部分丧葬费用。由于当时情况紧急，刘某来不及办理相关的手续，便特别授权委托婆婆李某处理此事并代为领取了该笔赔偿金。而刘某除了领取了1万元丧葬费安葬丈夫外，便再也没有分得其他份额。由于刘某没有经济来源，还要独自抚养一个女儿长大，生活十分拮据，所以她多次向婆婆李某索要她与女儿应得的份额，而她婆婆却拒绝支付。刘某为此情绪十分激动，在诉说中表现出一些极端的想法。

这是一起典型的婆媳家庭纠纷，但是如果处理不好，便会引发其他的不良连锁反应。葛连才一方面对刘某的情绪予以安抚，另一方面积极地调查了解。经过仔细调查询问，葛连才了解到双方当事人在张某出事之前，都是母慈子孝，婆媳从未红过脸，感情很好。根据情况，葛连才确立了一条这样的调解思路，即“金钱不是主要的，亲情才是重要的”。故调解方法是重点从双方的亲情关系入手，等到拉近了思想上的感情距离后，再行解决赔偿金的问题。

本着这样一条调解思路，葛连才和风细雨地开导，耐心细致地劝解，充分运用法、理、情，引导双方当事人换位思考。经过3次开庭调解，双方终于达成了一致意见：婆婆李某同意拿出8万元给刘女士，婆媳和好如初。事后，申请人刘某还将一面写着“悉疏导婆媳孙和解，巧调解法理情并用”的锦旗送到调委会表示感谢。

## 二、攻坚克难，勇担重任，维护社会和谐稳定

调解工作是烦琐的，有时候也需要有一定的胆识，作为一名调解员，在面对群体性事件时，敢于挺身而出，控制复杂局面，才能防止矛盾纠纷激化。6年里，葛连才积极参与涉法涉诉案件调解，真正做到上为党委、政府分忧，下为人民群众解难。

2010年1月7日，尹某等17人与原蒙阴县某镇政府农村合作基金会的一起支付股金本金的纠纷，在葛连才悉心调解下，成功解决，消除了社会不良影响。

尹某等17人是原蒙阴县某镇政府农村合作基金会的会员，分别入股了基金会。后来乡镇基金会受国家政策影响，被依法

清理，百姓存款兑付问题就压在了镇政府的肩上。当时尹某等17人的存款没有及时得到兑付，就心存疑虑，担心多年积蓄付之东流，于是多次上门催讨。镇政府于2000年1月20日与17人签订了股金兑付协议书，约定共分5次兑付本息，自2000年1月20日起至2003年12月30日前全部兑付完毕。但是镇政府兑付部分资金后，就没再履行协议。

葛连才看到他们大多都是年老体弱之人，急需这部分资金治病生活，而且心情非常急躁，处理不好会影响社会稳定。经过认真审查有关书证材料、阅读案卷，然后多次与镇政府领导进行电话沟通，详细了解案情。查明情况后，葛连才于2010年1月6日赶到该镇政府，分析案件的利害关系，劝导其履行还款义务。

2010年1月7日，葛连才召集双方当事人在镇政府进行调解。调解之初，双方的态度非常生硬。镇政府多次强调政府财政困难，一时拿不出这么多资金，坚持每年偿付5%。尹某等17人坚持一次性兑付。葛连才情、理、法并用，劝说百姓事情无小事，政府虽然困难，但是百姓的生活更加困难，应尽快兑付储户的救命钱。最终，在葛连才的努力下，双方达成协议，该镇人民政府分3次返还尹某等17人的基金投入，2010年1月7日返还11264.7元，2010年12月30日返还11264.7元，2011年6月30日前返还剩余的11264.7元。

在当今社会生活中，医疗纠纷屡屡发生，成为社会的焦点难点，怎么处理好医患之间的关系，葛连才有一套。作为除医患以外第三方的“和事佬”，他能运用娴熟的法律知识，晓之以理、动之以情的调解方式，公平公正地处理医患之间的矛盾，让患方当事人满意而归，亦让医院恢复正常的工作秩序。

2013年8月25日，一名妇女抱着几个月大的婴儿，在家人的陪护下来到了调委会，请求申请调解与市某医院的医患纠纷。葛连才热情地接待了当事人，并了解了案情：2013年6月28日，张某在市某医院生下的婴儿因羊水胎粪污染，产后出现呻吟，且发现婴儿的头部严重畸形，经该院处理无好转，经权威专家会诊，诊断为脑组织软化。

葛连才向医院核实情况后，根据工作流程组织医患双方进行调解。该纠纷先后面对面调解了3次，第三次调解时，患方非常激动，表现出要上访、要打砸医院之类的过激言行。经过葛连才耐心劝导疏通，给患方做思想工作，历时16天，终于，双方达成了调解协议：院方给予患方救助金3.8万元。

这场有可能转化为上访案件的纠纷就这样被葛连才平息了。这样的医患纠纷葛连才已经处理了几十起，有时为了让当事人少跑腿，他一直调解到晚上9点多。他就是这样，让医患和谐了，才安心下班回家。

## 三、发挥传帮带精神，做调解工作的引路人

在许多人看来，人民调解工作简单至极，只要“一碗水端平”即可。但葛连才却深知调解纠纷当事人的多变和人民调解工作的复杂，不仅要洞悉人心，更要掌握法律法规和政策，法和理都是不可或缺的底线，应当充分利用法律利器，在纷繁的人情和坚硬的法理中找到平衡点。这就促使葛连才同志利用业余时间不断地为自己充电，桌上总是放着一本本最新的法律法规图书，以便闲暇之余翻看。葛连才所做的一切调解都是在法规政策框架内进行，使其工作极具说服力。《婚姻法》《继承法》

《物权法》《人民调解法》《侵权责任法》等相关的法律法规，他都熟稔于心，每天接待前来咨询法律问题的群众五六十次。不仅如此，深谙法律的他，多次受邀为乡镇调解员培训讲课并到企事业单位进行相关法律知识和调解技巧的讲解。许多新到调解工作岗位的调解员，都主动到葛连才所在的调解室“实习”，因为在他那里能学到真东西，能得到他的悉心传授。他总结的“八九工作法”，在全区调解员中进行推广，极大地提升了全区调解员队伍的整体业务水平。

老骥伏枥，志在千里，葛连才同志用实际行动践行了一名共产党员的先锋模范作用，获得了领导的高度认可，同事的尊重敬佩和百姓的真诚爱戴。他多次获得省级、市级的“优秀人民调解员”“优秀人民调解能手”的称号，2011年被中共山东省委组织部、中共山东省委老干部局授予“全省优秀退休干部党员”的荣誉称号，2012年被兰山区委评为“优秀共产党员”，2013年被司法部评为“全国模范人民调解员”。葛连才对这些荣誉看得很淡，因为他更看重的是自己的辛勤奔波，是为矛盾纠纷双方当事人架起了一座座爱心桥，促进了社会祥和与安宁！

# 忆治保主任（调解员）俞芬团

毛仲木

我是浙江省一级调解员，从事调解工作近十年。作为一名调解员，我时常深深地怀念我的恩师——为“枫桥经验”调解工作做出较大贡献的诸暨市枫桥镇梅苑村五宜自然村已故的女治保主任（调解员）俞芬团同志。

1967年，我从枫桥梅苑小学高小毕业。出于某些原因没有再继续求学就参加了农业生产劳动。由于工作出色，不足20岁的我就在村担任了治保干部。

我们枫桥镇梅苑村五宜自然村是当时枫桥镇15个公社的一面红旗，是有名的粮食高产村，也是调解工作先进村。当时该村的治保主任是俞芬团同志，她也是整个公社唯一一个女治保主任。她工作积极，任劳任怨，时时处处以一个共产党员身份服务群众，并且得到群众衷心的喜欢和上级的肯定。在毛主席批示“枫桥经验”十周年时，俞芬团同志以“枫桥经验”优秀实践者身份在全省各地进行了巡回演讲。下面是我对俞芬团同志在处理村里两件事情的回忆。

## 一、改造“天外佬”

枫桥梅苑村五宜自然村以毛姓、谢姓两姓为主，两姓以一座桥隔开：桥里姓毛，桥外姓谢。桥里有个农民叫毛吉才，当时是村里的困难户，此人思想孤僻，与外界交往较少，住在一间40—50平方米的草房里，生活艰难时常揭不开锅，外面下大雨，里面下小雨。毛吉才育有四子一女，经常要村里和队里接济，但他经常谩骂村干部，对村里工作不支持，总是反对政府。毛吉才很特别，他从来不走村里的桥，无论春夏秋冬、晴雨落雪，他都从桥下蹚水过去，所以村子里的人都叫他“天外佬”。俞芬团同志虽然自己家庭也不宽裕，但她为了改造毛吉才同志，经常用关心帮助他的方法来改变这个“天外佬”的种种怪异行为。俞芬团同志不但从生活上关心毛吉才一家，还给毛吉才找了一份管山林的工作。渐渐地，毛吉才生活宽裕了，对政府的怨言也少了，劳动积极，工作安心，得到了林场职工的一致好评。他还听从了俞芬团同志的劝导，不下水过河了，改安安稳稳地走木桥了。村里人也不再讽刺地叫他“天外佬”了。

## 二、神速破案

1970年夏天的一个早上，我们村第二生产队的粮食保管员来报案，说该队存放在仓库里的数百斤小麦不翼而飞。时任村治保主任的俞芬团得知这一情况后，立即上报上级部门，因为在这个温饱尚艰难的阶段，数百斤小麦的丢失无疑是村里的一件大案子。

俞芬团带领村里几个干部和有关部门连续几天对小麦失窃

案进行了调查走访，结果却让大家垂头丧气。大家陆续退出小麦失窃案侦破组，唯有俞芬团同志继续在村里各个农户家走访了解对破案有帮助的线索。当走访到一家农户家时，家里的女主人告诉俞芬团，说在小麦失窃前的多个晚上，她听到后半夜她家房前总有走动的咚咚声，每次声音持续在一小时左右。根据这一情况，俞芬团对周边几户人家进行了调查，终于很快锁定了偷窃小麦的嫌疑人。

像上面这样的故事还有好多个，有村民夫妻为琐事吵架找到俞芬团帮助做思想工作的，有邻里纠纷请求俞芬团调解的，有一户人家的猪无缘无故遭人砍伤，俞芬团同志帮忙调查水落石出的。一桩桩乡村的纠纷和案件被俞芬团处理得妥善得当，梅苑村百姓生活安居乐业。民事纠纷就地解决，矛盾不上交，很好地实践了“枫桥经验”在乡村治理中发挥的作用。

时隔这么多年，我和村里与我同年龄段的人依旧记得俞芬团同志。在工作中，我常用俞芬团这名最基层的治保主任的精神来指引我前进。

俞芬团同志的敬业精神和热心为民解决事情的精神是我们基层干部的好榜样，更是“枫桥经验”最好的诠释之一。

# 爱心铸和谐　调解惠民生

## ——记全国模范人民调解员、山东临沂调解员胡晓梅

山东省临沂市委政法委

胡晓梅，女，中共党员，1975年参加工作，长期在法院从事审批工作。退休后，2010年底，受聘于兰山区司法局，被派驻到市交警支队直属二大队，担任交通事故纠纷首席人民调解员。工作中，她以耐心倾听、诚心待人、公心处置、爱心帮扶、责任心做事的“五心”工作法，攻克了一道道难关，赢得事故纠纷双方当事人100%的满意率，被交通事故处理的民警称为不穿警服的“好战友”，被众多当事人喊为“胡妈妈”“胡大姐”。

在8年3个月的时间里，胡晓梅成功调解3800起案件，为受害当事人调解赔偿逾亿元，其中处理重特大道路交通事故纠纷129起，规劝动员84名交通肇事逃逸犯罪嫌疑人投案自首，通过调解、化解群体性事件168起，避免民转刑案件193起，挽救寻死当事人67人次，平息重大上访案件26件，让6000多个家庭重归于好，收到双方当事人送来锦旗116面，感谢信387封。受害方最多的赔偿达129万元，最少的为200元，所有案件全部一次性结案。在这一场场剑拔弩张的对峙中，她怀着忠诚、公正、廉洁和爱民之心，使突遭变故的家庭减轻了伤痛，使干戈化为玉帛。

## 一、忠于职守系稳定，平息上访促和谐

初到交通事故纠纷调解室，胡晓梅就接手了一起棘手的上访案。此案后果不严重，但因双方互相较劲、层层上访，矛盾不断激化。说起此案，起因并不复杂。2010年上半年，市直某单位一名中层女干部，骑电动车正常行驶时，被一辆轿车撞倒，致使轻微脑震荡，多方寻医问药，花费了上万元。而肇事方认为，对方没有正式发票，只肯承担3000元赔偿。为此双方闹得不可开交，直至闹到市公安局、市交警支队、市信访局，最后连交警办案人员也被误认为袒护另一方而成为上访对象。案子交到她手里后，胡晓梅当即表态：一个月内调成此案。然而，真正接触双方当事人之后才发现，矛盾的焦点，已不再是赔偿额的多少，而是为了争口气。面对一方得理不让人、一方无理争三分的局面，为调成此案，她真正体会到了什么叫跑折了腿、说破了嘴！其中有两个细节可以看出她的耐心：一是为说服双方当事人，手机通话费就花了600多元，打的费500多元；二是受害人的头晕病是她讨来的方子治好的。在此案件的调解中，胡晓梅就像那啼血杜鹃呼唤春风，终于融化了两人心理上的坚冰，以8000元赔偿结案。而最后关于做出让步的原因，双方均说出了同一句话："看在胡大姐不厌其烦的份上，我们不闹了！"

此案的成功调处，使她看到了人民调解员与法官在工作上的区别，那就是人民调解员需要更大的毅力、爱心和耐心！在此后的调解实践中，胡晓梅进一步认识到，交通事故纠纷有许多是人命关天的大案，一旦处理不及时或方法不当，往往会引起群体性上访或殴斗事件。2016年11月26日，兰山区义堂镇

某村曲某驾驶货车不慎将李某当场撞死。出事后，李家很快就掌握了曲家的货车没买保险，而且家中一贫如洗的情况，知道打赢官司也得不到钱，遂一下叫来19个人蜂拥到交警大队，试图施压，以得到赔偿。受理此案调解申请后，胡晓梅讲法律、讲政策，千方百计稳住了闹事者的情绪。事后，经实地调查，肇事方曲家确实困难：曲某因无钱娶妻，迟迟未能成婚。可李家儿子只有28岁，丧子之痛可想而知，若再得不到赔偿，事态可能激化。而她的好言相劝只能平息一时，究竟怎样才能避免矛盾激化制止上访呢？那几天她寝食难安。苦苦思索中，胡晓梅忽然想到李家群体闹事，曲家村里人也扬言帮忙护驾。那么，何不动员肇事方乡邻伸出援助之手，以情制暴呢！此后胡晓梅找到曲家所在村的村委会，找到了曲家亲戚，动员曲家90多户亲友捐借6万元，同时她又动员曲父："卖掉儿子婚房换自由！"12月19日，双方再次坐在了调解室。当李家听说曲家8万元卖掉儿子结婚用房以及向90多户亲友借款的过程后，放弃了23.8万元的赔偿要求，以14万元达成调解协议。就这样，一场随时有可能酿成群体性事件的纠纷，终于化解了！

## 二、真情关怀系民生，架起爱心彩虹桥

交通事故的双方当事人素昧平生、往日无仇，只是由于瞬间的变故，陡然之间变得针锋相对、水火不容。面对这种情况，只要设身处地替双方着想，并努力加以沟通，是完全可以通过和解而实现和谐的。在担任人民调解员这8年多的日子里，胡晓梅曾遇到过许多因当事人一时激愤而扩大事态的案件，她以自身的千辛万苦，解开了当事人之间的死结。2017年3月底，

她就接手了一起矛盾升级后的交通肇事案。3月14日，兰山区一陈姓妇女骑车时，被一骑摩托车的孙姓青年撞成肋骨骨折。事故发生后，孙父被陈某的丈夫袁某挟持到医院，强行陪护了5天，在交了2.5万元治疗费，被放回家后，又听说儿子被袁某打了一顿。那一刻，孙父呜呜地哭了，发誓不再支付任何赔偿。案子被移送调解室后，约定3月31日进行调解。谁知，调解庭的大门刚刚打开，就呼啦涌进几十人，有的还带着凶器。原来孙家因被强逼陪护和儿子被打，找了十几个人助威，想借此机会，讨个说法。受害方丈夫袁某之前听闻肇事方的打算，也纠集了十几人欲再次施暴。那一刻胡晓梅十分担心，一旦双方动手，后果难料。她用自己的身躯挡在了两伙人中间，迅速采取了稳控对策。那一天，她究竟讲了多少法律规定，说了多少情理，已记不清，只记得那一天连说9个小时，饭没吃、水没喝。因为经验告诉她，此类案件如果当天达不成协议，第二天就可能变卦。苦战9个小时后，肇事方向受害方赔礼道歉，受害方对非法扣人和打人行为做了检讨，并以35160元的赔偿达成调解协议。双方握手道别之后，在回家的路上，披着月光的她，不由自主地哼起了小曲。

何止是送人玫瑰、手留余香，千辛万苦的沟通，千言万语的劝说，千方百计的化解，被打开心结之后的当事人，还常常让胡晓梅深受感动。2018年春节后上班第一天成功调处的一个案例，不禁让她感动得差点流泪。那还是2018年10月24日，有一个来自济南的青年刘某，在来临沂的路上，把一个来自蒙阴的打工妹张某撞得跖骨基底多处骨折。受理调解之后，初步掌握的情况是，肇事者刘某大学毕业后自主创业，第一笔投入就被骗了个精光，负债累累的他，借了别人的汽车开到临沂找同学借钱还债，结果又把人撞伤。而来自蒙山腹地穷山村的打工妹张某，全部的打工积蓄不到1万元。家乡父老乡亲闻讯后东拼西凑了4万多元，其中有2万元还是村委会募捐得来。面对两家的困境，胡晓梅一边动员肇事者回家借钱，一边安抚受害人安心住院，并承诺妥善调处此事。春节前，张某伤愈出院，共花去59200元。在春节7天假期中，胡晓梅始终与肇事者刘某保持联系，与他谈人生、谈未来、谈诚信，谈成功人士的成功经历，最长的一次谈话是大年初三，那一次就通话两个多小时。因为她担心啊，怕他一下子不见了，拿什么兑现向受害人做出的承诺啊！大年初七上班的第一天，惊喜的一幕出现了，刘某如约赶到临沂。担心赖账、忐忑不安的张某，在调解室听到债台高筑的刘某，为借这笔赔偿款所受到的为难时，当即从刘某递过来的59200元现金中拿出9200元退了回去。那一瞬间，胡晓梅的眼睛湿润了，9200元，对一个大款来说算不了什么，但对两个贫困青年来说，却是一笔巨大的财富啊！那温馨的一幕，实实在在地让她感受到了什么是“大仁大义”！拿到5万元赔偿金的张某迅速返回蒙阴老家，通过村委会退还了全部捐款。如今事情已过去好久了，但每当看到张某送来锦旗上写的“真正把群众当主人、当亲人，为人民群众解决实际困难”这些字，胡晓梅都久久不能平静。

## 三、公平正义系于心，维护“大义临沂”好形象

临沂是全国闻名的商贸城，每天有近50万流动人口在这里从事商业活动。也正因此，在兰山辖区里，一旦发生交通事故，往往会遇到一方是强势老板，一方是弱者商贩，或一方是

当地人，一方是外地人的情况。面对这一现状，在交通肇事案的调解过程中，怎样维护弱者的合法权益？不仅关系到弱者的民生利益，更关系到临沂的形象。基于这一认识，胡晓梅把曾为法官的刚正不阿精神和女调解员的菩萨心肠运用得恰到好处，从而在调解每起纠纷时都能“一碗水端平”。2011年1月，费县19岁的顾某骑摩托车带着父亲到兰山区购物时遭遇车祸，其父当场死亡，顾某也被撞成重伤由交警送进医院。事故发生后，肇事方因是当地人，又是一个老板，态度强硬，拒不赔偿。接到此案调解的申请后，经过了解，顾某的母亲一年前病故，如今父亲又遇难，自己无钱医治，成为孤儿的他绝望至极，拒绝治疗，一心求死。受理此案后，胡晓梅立即来到医院找到顾某，鼓励他走出绝望，配合救治，争取早日康复。随后，她又找到肇事方，摆事实、讲道理，反复阐明诉讼的风险和后果，将肇事方及其助威闹事的17名亲属驳斥得哑口无言。肇事方拿出4万元送到医院为顾某进行治疗。随后经胡晓梅多次调解，肇事方赔偿了顾某15万元。心存感激的顾某伤还未愈就来到调解室，泣不成声、长跪不起，深情地对胡晓梅说：“你就是我的亲妈!”

2017年2月13日晚6时许，来自湖北的两兄弟之一的郭某，被一名“80后”青年王某开着一辆轿车辗压致死，事故认定王某承担全部责任。3月11日，调解室受理了此案。最先进来的死者之兄，悄悄地对胡晓梅说：“只要对方给2万元，让我将弟弟送回老家安葬就行！”那一刻，胡晓梅不禁愣住了！弟弟死亡，对方承担全部责任，为什么只要2万元？他吞吞吐吐地道出了事情的原委：对方发出狠话，如果要多了，自己会有危险。他娘有尿毒症，他娘不能再失去他啊！兄弟俩从湖北来临沂打工，就是为了赚钱给娘治病的啊！那一刻，胡晓梅愤怒了！对郭某说，按法律规定要求赔偿，别的先不说！其实胡晓梅心里想的是，2万元结案容易，但临沂的大好形象不就受玷污了吗？将人轧死在前、威胁在后，这还叫“大义临沂”吗？没容她继续考虑，肇事方冲进来一伙人，领头者是肇事者的父亲，大叫着：“不就是死个人吗，要万儿八千好说，要多了没有！”面对咄咄逼人的气势，胡晓梅迅速对那个吓得直哆嗦的湖北小伙采取了保护措施，然后严肃地对那几名身穿奇装异服的青年说：“你们想寻衅滋事吗？你们想妨碍公务吗？你们想让肇事者判刑吗？否则，请出去！”肇事者之父软了下来。此后，经过几天的反复疏导沟通，最后以赔偿20万元达成调解协议。两个月后，突然有一天，小郭领着他的父亲、舅舅等一行6人，带着锦旗，从湖北专程来到调解室，齐刷刷跪下磕了头。那一刻，胡晓梅傻眼了，哽咽了！6人从湖北到临沂往返车票就花去7000多元啊！这对一个靠儿子打工赚钱治病的家庭来说，7000元不是一个小数目！面对他们千里迢迢地提着一包包土特产和装有2000元现金的信封，胡晓梅动情地说：“我知道，你们拿来的钱和物不是用来行贿的，而是来表达感激之情的，这份心意我领了，但这礼品和钱我坚决不能收！”也就是这起案件中死者的舅舅，从新闻联播中听到临沂被评为全国文明城市的当晚，就给胡晓梅打来祝贺电话说：“临沂有您和您一大批同事，崇尚着公平正义和廉洁爱民之心，评上全国文明城市当之无愧，您就是临沂创建全国文明城市最好的形象大使！”因这个电话，那一晚，她兴奋得没合眼。

胡晓梅知道，选择了人民调解工作，就是选择了一份责任。她的先进事迹得到省市区各级领导的高度评价和人民群众的广泛赞扬。2013年12月24日，在全省人民调解工作电视电话会议上，胡晓梅作为唯一的基层人民调解员代表，做了典型发言，省委常委、政法委书记才利民用“真诚、爱心、公正”评价她。人民网、中国日报网、凤凰网、大众网、临沂资讯网对她的先进事迹和典型案例进行转载，《临沂日报》《公安日报》《齐鲁晚报》《半岛都市报》等媒体也进行了宣传报道。她先后被授予“兰山区十大杰出女性”“市级优秀调解能手”“全省司法系统创先争优先进个人”“全省十佳人民调解员”“全国模范人民调解员”“振兴沂蒙劳动奖章”等荣誉称号，被评为“大义临沂人提名奖”“中国好人榜候选人”。“莫道桑榆晚，为霞尚满天”，胡晓梅同志用一腔热情为民架起了社会和谐彩虹桥。

# 附录

# 《关于加强人民调解员队伍建设的意见》

为认真落实党的十九大精神，深入贯彻党的十八届四中全会关于发展人民调解员队伍的决策部署，全面贯彻实施人民调解法，现就加强人民调解员队伍建设提出如下意见。

## 一、充分认识加强人民调解员队伍建设的重要意义

人民调解是在继承和发扬我国民间调解优良传统基础上发展起来的一项具有中国特色的法律制度，是公共法律服务体系的重要组成部分，在矛盾纠纷多元化解机制中发挥着基础性作用。人民调解员是人民调解工作的具体承担者，肩负着化解矛盾、宣传法治、维护稳定、促进和谐的职责使命。加强人民调解员队伍建设，对于提高人民调解工作质量，充分发挥人民调解维护社会和谐稳定“第一道防线”作用，推进平安中国、法治中国建设，实现国家治理体系与治理能力现代化具有重要意义。党中央、国务院历来高度重视人民调解工作。党的十八大以来，习近平总书记多次对人民调解工作作出重要指示批示，为做好人民调解工作和加强人民调解员队伍建设指明了方向。广大人民调解员牢记使命、扎根基层、无私奉献，积极开展矛盾

纠纷排查调解工作，切实把矛盾纠纷化解在基层，消除在萌芽状态，为维护社会和谐稳定、服务保障和改善民生作出了积极贡献。当前，中国特色社会主义进入新时代，社会主要矛盾已经转化为人民日益增长的美好生活需要和不平衡不充分的发展之间的矛盾。人民不仅对物质文化生活提出了更高要求，而且在民主、法治、公平、正义、安全、环境等方面的要求也日益增长。党的十九大强调，要加强预防和化解社会矛盾机制建设，正确处理人民内部矛盾。这些都对人民调解、行业专业调解和调解员队伍建设提出了新的更高要求。各地各有关部门一定要充分认识加强人民调解员队伍建设的重要性、紧迫性，切实增强责任感和使命感，采取有效措施，大力推进人民调解员队伍建设，不断提高人民调解工作水平，全力维护社会和谐稳定。

## 二、加强人民调解员队伍建设的指导思想和基本原则

### （一）指导思想

深入贯彻落实党的十九大精神，坚持以习近平新时代中国特色社会主义思想为指导，按照“五位一体”总体布局和“四个全面”战略布局，全面贯彻实施人民调解法，优化队伍结构，着力提高素质，完善管理制度，强化工作保障，努力建设一支政治合格、熟悉业务、热心公益、公道正派、秉持中立的人民调解员队伍，为平安中国、法治中国建设作出积极贡献。

### （二）基本原则

坚持党的领导。认真贯彻落实中央关于人民调解工作的决

策部署，确保人民调解员队伍建设的正确方向。

坚持依法推动。贯彻落实《人民调解法》《民事诉讼法》等法律规定，不断提高人民调解员队伍建设的规范化、法治化水平。

坚持择优选聘。按照法定条件和公开公平公正的原则，吸收更多符合条件的社会人士和专业人员参与人民调解工作。

坚持专兼结合。在积极发展兼职人民调解员队伍的同时，大力加强专职人民调解员队伍建设，不断优化人民调解员队伍结构。

坚持分类指导。根据各地实际情况和专兼职人民调解员队伍的不同特点，完善管理制度，创新管理方式，不断提高人民调解工作质量。

## 三、加强人民调解员队伍建设的主要任务

### （一）认真做好人民调解员选任工作

1. 严格人民调解员选任条件。人民调解员由人民调解委员会委员和人民调解委员会聘任的人员担任，既可以兼职，也可以专职。人民调解员应由公道正派、廉洁自律、热心人民调解工作，并具有一定文化水平、政策水平和法律知识的成年公民担任。乡镇（街道）人民调解委员会的调解员一般应具有高中以上学历，行业性、专业性人民调解委员会的调解员一般应具有大专以上学历，并具有相关行业、专业知识或工作经验。

2. 依法推选人民调解委员会委员。人民调解委员会委员通过推选产生。村民委员会、社区居民委员会的人民调解委员会

委员由村民会议或者村民代表会议、居民会议或者居民代表会议推选产生。企业事业单位设立的人民调解委员会委员由职工大会、职工代表大会或者工会组织推选产生。乡镇（街道）人民调解委员会委员由行政区域内村（居）民委员会、有关单位、社会团体、其他组织推选产生。行业性、专业性人民调解委员会委员由有关单位、社会团体或者其他组织推选产生。人民调解委员会委员任期届满，应及时改选，可连选连任。任期届满的原人民调解委员会主任应向推选单位报告工作，听取意见。新当选的人民调解委员会委员应及时向社会公布。

3. 切实做好人民调解员聘任工作。人民调解委员会根据需要可以聘任一定数量的专兼职人民调解员，并颁发聘书。要注重从德高望重的人士中选聘基层人民调解员。要注重选聘律师、公证员、仲裁员、基层法律服务工作者、医生、教师、专家学者等社会专业人士和退休法官、检察官、民警、司法行政干警以及相关行业主管部门退休人员担任人民调解员，不断提高人民调解员的专业化水平。要积极发展专职人民调解员队伍，行业性、专业性人民调解委员会应有3名以上专职人民调解员，乡镇（街道）人民调解委员会应有2名以上专职人民调解员，有条件的村（居）和企事业单位人民调解委员会应有1名以上专职人民调解员，派驻有关单位和部门的人民调解工作室应有2名以上专职人民调解员。

### （二）明确人民调解员职责任务

4. 人民调解员的职责任务。积极参与矛盾纠纷排查，对排查发现的矛盾纠纷线索，采取针对性的措施，预防和减少矛盾纠纷的发生；认真开展矛盾纠纷调解，在充分听取当事人陈述和调查了解有关情况的基础上，通过说服、教育、规劝、疏导等方式方法，促进当事人平等协商、自愿达成调解协议，督促当事人及时履行协议约定的义务，人民调解员对当事人主动申请调解的，无正当理由不得推诿不受理；做好法治宣传教育工作，注重通过调解工作宣传法律、法规、规章和政策，教育公民遵纪守法，弘扬社会公德、职业道德和家庭美德；发现违法犯罪以及影响社会稳定和治安秩序的苗头隐患，及时报告辖区公安机关；主动向所在的人民调解委员会报告矛盾纠纷排查调解情况，认真做好纠纷登记、调解统计、案例选报和文书档案管理等工作；自觉接受司法行政部门指导和基层人民法院业务指导，严格遵守人民调解委员会制度规定，积极参加各项政治学习和业务培训；认真完成司法行政部门和人民调解委员会交办的其他工作任务。

### （三）加强人民调解员思想作风建设

5. 加强思想政治建设。组织广大人民调解员认真学习宣传贯彻党的十九大精神，坚持以习近平新时代中国特色社会主义思想武装头脑、指导工作。教育引导人民调解员牢固树立政治意识、大局意识、核心意识、看齐意识，自觉在思想上政治上行动上同以习近平同志为核心的党中央保持高度一致。加强人民调解员职业道德教育，深入开展社会主义核心价值观和社会主义法治理念教育，弘扬调解文化，增强人民调解员的社会责任感和职业荣誉感。

6. 加强纪律作风建设。完善人民调解员行为规范，教育人民调解员严格遵守职业道德和工作纪律，树立廉洁自律的良好形象，培养优良作风。建立投诉处理机制，及时查处人民调解员违法违纪行为，不断提高群众满意度。

7. 加强党建工作。党员人民调解员应积极参加所属党支部的组织生活，加强党性修养，严守党员标准，自觉接受党内外群众的监督，发挥党员在人民调解工作中的先锋模范作用。支持具备条件的人民调解委员会单独建立党组织，落实基层党建基本制度，严格党内政治生活，突出政治功能，发挥战斗堡垒作用。

## （四）加强人民调解员业务培训

8. 落实培训责任。开展人民调解员培训是司法行政部门的重要职责。要坚持分级负责、以县（市、区）为主，加大对人民调解员的培训力度。县（市、区）司法行政部门主要负责辖区内人民调解委员会主任、骨干调解员的岗前培训和年度培训，指导和组织司法所培训辖区内人民调解员；市（地、州）司法行政部门主要负责辖区内大中型企业、乡镇（街道）和行业性、专业性人民调解委员会主任、骨干调解员的岗前培训和年度培训；省（区、市）司法行政部门负责制定本地区人民调解员培训规划，组织人民调解员骨干示范培训，建立培训师资库；司法部负责组织编写培训教材，规范培训内容，开展人民调解员师资培训。司法行政部门要积极吸纳律师、公证员、司法鉴定人、专职人民调解员等作为培训师资力量，提高培训质量和水平。基层人民法院要结合审判工作实际和人民调解员队伍状况，积极吸纳人民调解委员会进入人民法院特邀调解组织名册，通过委派调解、委托调解，选任符合条件的人民调解员担任人民陪审员，加强司法确认工作等灵活多样的形式，加大对人民调解员进行业务培训的力度。

9. 丰富培训内容和形式。司法行政部门和人民调解员协会要根据本地和行业、专业领域矛盾纠纷特点设置培训课程，重点开展社会形势、法律政策、职业道德、专业知识和调解技能等方面的培训。创新培训方式和载体，采取集中授课、研讨交流、案例评析、实地考察、现场观摩、旁听庭审、实训演练等形式，提高培训的针对性、有效性。顺应“互联网＋”发展趋势，建立完善人民调解员网络培训平台，推动信息技术与人民调解员培训深度融合。依托有条件的高校、培训机构开展培训工作，开发人民调解员培训课程和教材，建立完善人民调解员培训质量评估体系。

### （五）加强对人民调解员的管理

10. 健全管理制度。人民调解委员会应当建立健全人民调解员聘用、学习、培训、考评、奖惩等各项管理制度，加强对人民调解员的日常管理。建立人民调解员名册制度，县（市、区）司法行政部门定期汇总人民调解员基本信息，及时向社会公开并通报人民法院，方便当事人选择和监督。建立岗位责任和绩效评价制度，完善评价指标体系。

11. 完善退出机制。人民调解员调解民间纠纷，应当坚持原则、明法析理、主持公道。对偏袒一方当事人，侮辱当事人，索取、收受财物或者牟取其他不正当利益，或泄露当事人的个人隐私、商业秘密的人民调解员，由其所在的人民调解委员会给予批评教育、责令改正；情节严重的，由推选或者聘任单位予以罢免或者解聘。对因违法违纪不适合继续从事调解工作；严重违反管理制度、怠于履行职责造成恶劣社会影响；不能胜任调解工作；因身体原因无法正常履职；自愿申请辞职的人民调解员，司法行政部门应及时督促推选或者聘任单位予以罢免或者解聘。

### （六）积极动员社会力量参与人民调解工作

12. 发动社会力量广泛参与。切实发挥村（居）民小组长、楼栋长、网格员的积极作用，推动在村（居）民小组、楼栋（院落）等建立纠纷信息员队伍，帮助了解社情民意，排查发现矛盾纠纷线索隐患。发展调解志愿者队伍，积极邀请“两代表一委员”（党代表、人大代表、政协委员）、“五老人员”（老党员、老干部、老教师、老知识分子、老政法干警）、专家学者、专业技术人员、城乡社区工作者、大学生村官等参与矛盾纠纷化解。充分发挥律师、公证员、司法鉴定人、基层法律服务工作者、法律援助工作者等司法行政系统资源优势，形成化解矛盾纠纷工作合力。

13. 建立人民调解咨询专家库。县级以上司法行政部门可以根据调解纠纷需要，会同相关行业主管部门设立人民调解咨询专家库，由法学、心理学、社会工作和相关行业、专业领域的专业人员组成，相关专家负责向人民调解委员会提供专家咨询意见和调解建议。人民调解咨询专家库可以是包含多领域专业人才的区域性综合型专家库，也可以是某一特定行业、专业领域的专家库。

### （七）强化对人民调解员的工作保障

14. 落实人民调解员待遇。地方财政根据当地经济社会发展水平和财力状况，适当安排人民调解员补贴经费。人民调解员补贴经费的安排和发放应考虑调解员调解纠纷的数量、质量、难易程度、社会影响大小以及调解的规范化程度。补贴标准由县级以上司法行政部门商同级财政部门确定，明令禁止兼职取酬的人员，不得领取人民调解员补贴。对财政困难地区，省级要统筹现有资金渠道，加强人民调解工作经费保障。人民调解委员会设立单位和相关行业主管部门应依法为人民调解员开展工作提供场所、设施等办公条件和必要的工作经费。省（区、市）司法行政部门或人民调解员协会应通过报纸、网络等形式，每半年或一年向社会公开人民调解经费使用情况和工作开展情况，接受社会监督。

15. 通过政府购买服务推进人民调解工作。司法行政部门应当会同有关部门做好政府购买人民调解服务工作，完善购买方式和程序，积极培育人民调解员协会、相关行业协会等社会组织，鼓励其聘请专职人民调解员，积极参与承接政府购买人民调解服务。

16. 落实人民调解员抚恤政策。司法行政部门应及时了解掌握人民调解员需要救助的情况，协调落实相关政策待遇。符合条件的人民调解员因从事调解工作致伤致残，生活发生困难的，当地人民政府应当按照有关规定提供必要的医疗、生活救助；在人民调解工作岗位上因工作原因死亡的，其配偶、子女按照国家规定享受相应的抚恤等相关待遇。探索多种资金渠道为在调解工作中因工作原因死亡、伤残的人民调解员或其亲属提供帮扶。

17. 加强对人民调解员的人身保护。人民调解员依法调解民间纠纷，受到非法干涉、打击报复或者本人及其亲属人身财产安全受到威胁的，当地司法行政部门和人民调解员协会应当会同有关部门采取措施予以保护，维护其合法权益。探索建立人民调解员人身保障机制，鼓励人民调解委员会设立单位和人民调解员协会等为人民调解员购买人身意外伤害保险等。

## 四、加强对人民调解员队伍建设的组织领导

### （一）加强组织领导

司法行政机关负责指导人民调解工作，要把人民调解员队伍建设摆上重要位置，列入重要议事日程，切实加强指导。要主动向党委和政府汇报人民调解工作，积极争取有关部门重视和支持，着力解决人民调解员开展工作遇到的困难和问题。要完善相关制度，提高人民调解员队伍管理水平。人民调解员协会要发挥行业指导作用，积极做好对人民调解员的教育培训、典型宣传、权益维护等工作，加强对人民调解员队伍的服务和管理。

### （二）落实部门职责

各有关部门要明确自身职责，加强协调配合，共同做好人民调解工作。各级政法委要将人民调解员队伍建设纳入综治工作（平安建设）考核评价体系。人民法院要通过各种形式，加强对人民调解员调解纠纷的业务指导，提高人民调解工作水平。财政部门要落实财政保障责任，会同司法行政部门确定经费保障标准，建立动态调整机制。民政部门要对符合条件的人民调解员落实相关社会救助和抚恤政策，会同人力资源社会保障部门把符合条件的人民调解员纳入社会工作专业人才培养和职业水平评价体系。各相关行业主管部门要从各方面对人民调解员

开展工作提供支持和保障。

## （三）加强表彰宣传

认真贯彻落实人民调解法，加大对人民调解员的表彰力度，对有突出贡献的人民调解员按照国家有关规定给予表彰奖励。要充分运用传统媒体和网络、微信、微博等新媒体，积极宣传人民调解工作典型人物和先进事迹，扩大人民调解工作社会影响力，增强广大人民调解员的职业荣誉感和自豪感，为人民调解员开展工作创造良好社会氛围。

各地要结合实际，按照本意见精神制定具体实施意见。

（摘自中华人民共和国司法部网站，2018年4月27日）

# 司法部有关负责人就《关于加强人民调解员队伍建设的意见》答记者问

2018年3月28日，中央全面深化改革委员会第一次会议审议通过《关于加强人民调解员队伍建设的意见》（以下简称《意见》）。近日，中央政法委、最高人民法院、司法部、民政部、财政部、人力资源和社会保障部正式印发了《意见》，司法部有关负责人就《意见》回答了记者的提问。

问：制定出台《意见》的背景和意义是什么？

答：人民调解是一项具有中国特色的法律制度，在矛盾纠纷多元化解机制中发挥着基础性作用。人民调解员是人民调解工作的具体承担者，肩负着化解矛盾、宣传法治、维护稳定、促进和谐的职责使命。目前，全国共有人民调解委员会76.6万个，人民调解员366.9万人，每年化解矛盾纠纷900万件左右。长期以来，广大人民调解员牢记使命、扎根基层、无私奉献，积极开展矛盾纠纷排查调解工作，切实把矛盾纠纷化解在基层，消除在萌芽状态，为维护人民群众合法权益、维护社会和谐稳定、服务经济社会发展做出了积极贡献。

党中央、国务院历来高度重视人民调解工作。党的十八大以来，习近平总书记多次对人民调解工作作出重要指示批示，为做好人民调解工作和加强人民调解员队伍建设指明了方向。

《意见》的出台，充分体现了以习近平同志为核心的党中央对人民调解工作的高度重视和对人民调解员队伍的亲切关怀。当前，中国特色社会主义进入新时代，社会主要矛盾已经转化为人民日益增长的美好生活需要和不平衡不充分的发展之间的矛盾。人民不仅对物质文化生活提出了更高要求，而且在民主、法治、公平、正义、安全、环境等方面的要求日益增长。党的十九大报告强调要加强预防和化解社会矛盾机制建设，正确处理人民内部矛盾。这些都对人民调解工作、人民调解员队伍建设提出了新的更高要求。《意见》强调人民调解员队伍建设要坚持党的领导、依法推动、择优选聘、专兼结合、分类指导，优化队伍结构，着力提高素质，完善管理制度，强化工作保障，努力建设一支政治合格、熟悉业务、热心公益、公道正派、秉持中立的人民调解员队伍。这对于提高人民调解工作质量，充分发挥人民调解维护社会和谐稳定“第一道防线”作用，推进平安中国、法治中国建设，实现国家治理体系与治理能力现代化具有重要意义。

问：《意见》提出要优化人民调解员队伍结构，请问有哪些具体措施?

答：人民调解员由人民调解委员会委员和人民调解委员会聘任的人员担任，既可以兼职，也可以专职。目前，全国兼职人民调解员有317.2万人，占总数的86.5%；专职人民调解员49.7万人，占总数的13.5%。随着经济社会发展，人民调解工作范围不断扩大，已经从婚姻家庭、邻里等传统矛盾纠纷向医疗、道路交通、劳动争议、物业等行业专业领域拓展，这些矛盾纠纷类型多样、专业性强，需要有一支专业化的人民调解员队伍。对此，《意见》要求，注重选聘律师、公证员、仲裁员、基层法律服务工作者、医生、教师、专家学者等社会专业人士和退休法官、检察官、民警、司法行政干警以及相关行业主管部门退休人员担任人民调解员，不断提高人民调解员的专业化水平。《意见》强调，要在积极发展兼职人民调解员队伍的同时，大力发展专职人民调解员队伍，对各类人民调解委员会专职人民调解员配备提出数量要求。其中，行业性、专业性人民调解委员会应有3名以上专职人民调解员，乡镇（街道）人民调解委员会应有2名以上专职人民调解员，有条件的村（居）和企事业单位人民调解委员会应有1名以上专职人民调解员，派驻有关单位和部门的人民调解工作室应有2名以上专职人民调解员。

问：新时代新任务对人民调解员能力和水平提出更高要求，《意见》采取哪些措施来提高人民调解员队伍素质？

答：《意见》从加强人民调解员思想作风建设和业务培训两个方面对提高人民调解员队伍素质提出了要求。《意见》强调，要加强人民调解员思想政治建设、纪律作风建设和党的建设。《意见》对各级司法行政部门和基层人民法院的培训责任提出了要求，明确坚持分级负责、以县（市、区）为主，加大对人民调解员的培训力度。在培训内容方面，重点开展社会形势、法律政策、职业道德、专业知识和调解技能等方面的培训。在培训形式方面，采取集中授课、研讨交流、案例评析、实地考察、现场观摩、旁听庭审、实训演练等形式，提高培训的针对性、有效性。同时要求，依托有条件的高校、培训机构开展培训工作，开发人民调解员培训课程和教材，建立完善人民调解员培训质量评估体系。

问：《意见》对加强人民调解员的管理作出哪些规定？

答：《意见》明确要求，根据各地实际情况和专兼职人民调解员队伍的不同特点，完善管理制度，创新管理方式，不断提高管理水平。在健全管理制度方面，《意见》强调，人民调解委员会应当建立健全人民调解员聘用、学习、培训、考评、奖惩等各项管理制度，加强对人民调解员的日常管理。建立人民调解员名册制度，县（市、区）司法行政部门定期汇总人民调解员基本信息，及时向社会公开并通报人民法院，方便当事人选择和监督。建立岗位责任和绩效评价制度，完善评价指标体系。在完善退出机制方面，《意见》要求，对偏袒一方当事人，侮辱当事人，索取、收受财物或者牟取其他不正当利益，或泄露当事人的个人隐私、商业秘密的人民调解员，由其所在的人民调解委员会给予批评教育、责令改正；情节严重的，由推选或者聘任单位予以罢免或者解聘。对发生因违法违纪不适合继续从事调解工作；严重违反管理制度、怠于履行职责造成恶劣社会影响；不能胜任调解工作等情形时，司法行政部门应及时督促推选或者聘任单位予以罢免或者解聘。

问：《意见》对加强人民调解员工作保障提出哪些要求？

答：做好人民调解工作，需要人民调解员的无私奉献，也需要党委政府的大力支持、有力保障。人民调解委员会调解民间纠纷，不收取任何费用。对人民调解工作所需经费给予必要的支持和保障，是各级政府的法定责任。为强化政府的保障责任，《意见》明确，地方财政根据当地经济社会发展水平和财力状况，适当安排人民调解员补贴经费，补贴标准由县级以上司法行政部门商同级财政部门确定。对财政困难地区，省级要统筹现有资金渠道，加强人民调解工作经费保障。同时，对设立单位的保障责任，《意见》要求，人民调解委员会设立单位和相关行业主管部门应依法为人民调解员开展工作提供场所、设施等办公条件和必要的工作经费。为依法落实人民调解员抚恤政策，《意见》要求，司法行政部门应及时了解掌握人民调解员需要救助的情况，协调落实相关政策待遇。为加强人民调解员的人身保护，《意见》强调，当地司法行政部门和人民调解员协会应当会同有关部门采取措施予以保护，维护其合法权益。

（摘自中华人民共和国司法部网站，2018年4月27日）

# 关于推进个人调解工作室建设的指导意见

各省、自治区、直辖市司法厅（局），新疆生产建设兵团司法局：

为坚持发展“枫桥经验”，深入贯彻落实《关于加强人民调解员队伍建设的意见》，充分发挥人民调解维护社会和谐稳定“第一道防线”作用，完善人民调解组织网络，创新人民调解组织形式，及时就地化解矛盾纠纷，努力实现矛盾不上交，现就推进个人调解工作室建设提出如下意见。

## 一、充分认识推进个人调解工作室建设的重要意义

个人调解工作室是以人民调解员姓名或特有名称命名设立的调解组织。近年来，各地充分发挥调解能手的引领示范作用，推动建立以个人命名的人民调解工作室，有效化解了大量矛盾纠纷。实践证明，个人调解工作室是传统调解组织形式的创新发展，是基层调解组织触角的有效延伸，对于增强人民调解员的积极性、主动性，扩大人民调解工作的权威性、影响力，提升人民调解工作质量水平具有重要意义。当前，中国特色社会主义进入新时代。随着我国社会主要矛盾的变化，矛盾

纠纷呈现出一些新情况和新特点，人民群众对调解工作也提出了新的更高要求。各级司法行政机关要切实提高政治站位，充分认识到推进个人调解工作室建设的重要意义，采取有效措施，努力打造一批“做得好、信得过、叫得响”的调解工作品牌，不断推动新时代人民调解工作创新发展，实现矛盾就地化解，不上交、不激化，保障人民群众合法权益，促进社会公平正义，维护国家安全和社会和谐稳定。

## 二、总体要求

### （一）指导思想

坚持以习近平新时代中国特色社会主义思想为指导，全面贯彻落实党的十九大和十九届二中、三中全会精神，深入贯彻实施《人民调解法》，坚持发展“枫桥经验”，以组织形式创新和队伍素质提升为着力点，积极推进个人调解工作室建设，依法规范个人调解工作室的设立、命名、管理、保障，充分发挥个人调解工作室在排查化解矛盾纠纷中的重要作用，切实维护人民群众合法权益和社会和谐稳定，为平安中国、法治中国建设做出积极贡献。

### （二）基本原则

坚持党的领导。认真贯彻落实中央关于加强人民调解工作的决策部署，把党的领导贯彻到人民调解工作的全过程、各方面，确保个人调解工作室建设的正确方向。

坚持以人民为中心。坚持人民调解为人民，把群众满意作为衡量人民调解工作的根本标准，努力为当事人提供优质高效的调解服务，维护双方当事人合法权益。

坚持依法设立，规范管理。遵守《人民调解法》的基本规定，完善个人调解工作室设立程序，健全管理制度，规范工作流程，不断提高调解工作质量和水平。

坚持因地制宜，突出特色。立足本地矛盾纠纷实际状况和调解员擅长领域、专业特长，从实际出发，“成熟一个、发展一个”，积极打造各具特色的调解工作品牌，确保个人调解工作室的权威性和公信力。

## 三、主要任务

### （一）加强组织建设

1. 申请设立个人调解工作室的条件。人民调解员具备以下条件的，可以申请设立个人调解工作室：具有较高的政治素质，为人公道正派，在群众中有较高威信；热心人民调解工作，有较为丰富的调解工作经验，调解成功率较高；具有一定的文化水平、政策水平和法律知识，形成有特点、有成效的调解方式方法；获得过县级以上党委政府、有关部门或司法行政机关表彰奖励。

2. 规范个人调解工作室的命名。个人调解工作室全称由“所属人民调解委员会名称”、“个人姓名或特有名称”和“调解工作室”三部分内容依次组成，简称由“个人姓名或特有名称”和“调解工作室”两部分内容依次组成，由县级以上司法行政机关负责命名。

### （二）加强队伍建设

3. 个人调解工作室组成。个人调解工作室可以由一名调解员组成，也可以由多名调解员组成。鼓励专职人民调解员和退休政法干警、律师等社会专业人士、基层德高望重的人士等建立个人调解工作室，推动形成一支结构合理、优势互补的调解工作团队。

4. 加强对调解员的业务培训。各级司法行政机关要采取开设调解大讲堂、集中授课、交流研讨、案例评析、现场观摩、旁听庭审等形式，加强对个人调解工作室调解员的培训，不断增强调解员的法律素养、政策水平、专业知识和调解技能。

### （三）加强业务建设

5. 个人调解工作室职责。开展辖区内一般矛盾纠纷排查调解，参与当地重大疑难复杂矛盾纠纷调解；开展法治宣传教育；参与承担人民调解员培训授课任务；主动向所属人民调解委员会报告工作情况，做好调解统计和文书档案管理等工作；自觉接受司法行政机关指导和基层人民法院业务指导，认真完成司法行政机关和所属人民调解委员会交办的其他工作任务。

6. 依法开展调解工作。个人调解工作室应当遵守人民调解法的各项规定，坚持人民调解的基本原则，不得收取任何费用。个人调解工作室开展调解活动应接受所属人民调解委员会的指导，制作的调解协议书加盖所属人民调解委员会的印章。

7. 加强信息化建设。个人调解工作室要充分利用中国法律服务网和人民调解信息系统，开展人民调解在线咨询、受理、调解等。积极运用人民调解移动终端、手机APP、微信群等开展调解工作，创新在线调解、视频调解等方式方法。

### （四）加强制度建设

8. 建立健全工作制度。个人调解工作室应当依法建立健全岗位责任、学习培训、纠纷登记、排查调解、回访、信息反馈、考核奖惩、统计报送、文书档案等制度。县级以上司法行政机关要建立名册制度，定期向社会公布个人调解工作室情况；完善绩效评价制度，加强对个人调解工作室的动态管理。

9. 建立退出机制。被命名的人民调解员具有下列情形之一的，由命名的司法行政机关撤销其个人调解工作室命名，并定期向社会公告：弄虚作假，虚报申请资料获得个人调解工作室命名的；因身体、工作变动等个人原因申请不再担任人民调解员的；因严重违法违纪不适合继续从事调解工作的；因调解工作不力导致矛盾纠纷激化，造成恶劣社会影响的；其他应予撤销命名的情形。

## 四、组织保障

### （一）组织领导

各级司法行政机关要高度重视个人调解工作室建设，加强指导，督促落实。要主动汇报个人调解工作室建设情况和工作成效，积极争取党委、政府和有关部门的政策支持和工作保障。要加强调查研究，及时协调解决个人调解工作室建设中遇到的新情况、新问题。要认真总结个人调解工作室建设经验，推动形成一批可复制、可借鉴、可推广的做法。

### （二）工作保障

个人调解工作室的调解员享受与所属人民调解委员会的调解员在补贴、培训、表彰等方面同等待遇。个人调解工作室应有相对独立的办公场所和必要的办公设备，不具备条件的可以与所属人民调解委员会共用办公场所，但应有固定的调解场所。支持个人调解工作室登记为民办非企业组织，或通过当地人民调解员协会承接政府购买服务项目，促进工作有效开展。

### （三）宣传表彰

要充分利用传统媒体和网络、微信、微博等新媒体，大力宣传个人调解工作室的优势特点、工作成效和典型案例，不断扩大个人调解工作室的社会影响力。要加大对个人调解工作室及其调解员的表彰奖励力度，为个人调解工作室开展工作营造良好社会氛围。

各地可结合实际，按照本意见精神制定具体实施意见。

（摘自司法部网站，2018年11月13日）

# 陈一新：推进市域社会治理现代化要发挥政治、法治、德治、自治、智治“五治”作用

7月23日至26日，第二期新任地市级党委政法委书记培训班在京举办。这次培训班集中了2018年6月以后新上任的140多名地市级党委政法委书记，主题是学习贯彻习近平新时代中国特色社会主义思想，提高政法领导干部政治素质和履职本领，加快推进市域社会治理现代化。开班式上，中央政法委秘书长陈一新深入系统阐述了在市域社会治理现代化中如何发挥政治、法治、德治、自治、智治“五治”作用的问题。

党的十八大以来，习近平总书记从全局和战略的高度，提出了一系列具有开创性、引领性的社会治理现代化新理念新思想新战略，开辟了马克思主义社会治理理论的新境界，标志着我们党对社会主义社会治理规律的认识实现了新飞跃。习近平总书记指出，加强和创新社会治理必须不断改进社会治理方式，强调要善于从政治上把大局、看问题，善于从政治上谋划、部署、推动工作，发挥政治引领作用；强调要坚持全面依法治国，善于运用法治思维和法治方式分析解决社会治理中的问题，发挥法治保障作用；强调要大力弘扬社会主义核心价值观，加强思想教育和道德教化，让全社会充满正气正义，发挥

德治教化作用；强调要完善基层群众自治制度，调动城乡群众、企事业单位、社会组织自主自治的积极性，打造人人有责、人人尽责的社会治理共同体，发挥自治基础作用；强调要把智能化建设作为社会治理现代化的重要抓手，实施大数据战略，不断提高社会治理能力和水平，发挥智治支撑作用。发挥政治、法治、德治、自治、智治“五治”作用，是习近平总书记关于社会治理重要思想的有机组成部分，为加快社会治理现代化指明了方向、提供了根本遵循。

陈一新指出，习近平总书记在今年中央政法工作会议上提出“加快推进社会治理现代化、努力建设更高水平的平安中国”的重大时代命题，并强调“要把市域社会治理现代化作为社会治理现代化的切入点和突破口”。我们要认真学习贯彻习近平总书记关于社会治理现代化的新理念新思想新战略，把政治、法治、德治、自治、智治“五治”作为推进市域社会治理现代化的有效方式，以政治强引领、以法治强保障、以德治强教化、以自治强活力、以智治强支撑，加快推进市域社会治理现代化，努力建设更高水平的平安中国。

陈一新将社会治理方式现代化比作抵达市域社会治理现代化“彼岸”的“桥”与“船”，并着重强调如何发挥好政治、法治、德治、自治、智治这“五治”的“桥”与“船”的作用。

## 一、发挥“政治”引领作用，凝聚市域社会治理合力

讲政治是马克思主义政党的根本要求。习近平总书记强调要旗帜鲜明讲政治，以党的政治建设为统领推进各项建设。要高度重视政治引领在社会治理中的决定性、根本性作用，切实

把政治引领贯穿于市域社会治理全过程和各方面。

坚定共产主义远大理想和中国特色社会主义共同理想、“两个一百年”奋斗目标，坚持党的基本理论、基本路线、基本方略。要发挥政治引领作用，在党员干部层面，要推动学习习近平新时代中国特色社会主义思想“往深里走、往心里走、往实里走”，切实把学习成效转化为政治成果、思想成果、理论成果、实践成果、制度成果，不折不扣贯彻落实党中央各项决策部署，确保做到党中央提倡的坚决响应、党中央决定的坚决执行、党中央禁止的坚决不做，切实增强“四个意识”、坚定“四个自信”、做到“两个维护”。在人民群众层面，要坚持不懈地推动习近平新时代中国特色社会主义思想进机关、进企业、进校园、进农村、进社区，广泛深入开展中国梦宣传教育，引导广大人民群众听党话、跟党走，坚定不移走中国特色社会主义道路。

强化政治领导。完善市域社会治理现代化的领导格局，最根本的就是要坚持和加强党的全面领导。要善于把党的领导和我国社会主义制度优势转化为社会治理优势，以改革创新的思路，打造共建共治共享的社会治理新格局。横向构建起共治同心圆，就是要探索构建党委领导、政府负责、群团助推、社会协同、公众参与的社会共治同心圆，增强推进社会治理现代化的向心力。党委要发挥总揽全局、协调各方的领导作用，落实领导社会治理工作职责，推动社会治理融入社会发展全过程，及时研究解决社会治理重大问题。党委政法委要发挥平安建设中牵头抓总、统筹协调、督办落实等作用，形成问题联治、工作联动、平安联创的格局。政府要切实履行社会治理基本职能，推动社会治理各项任务落到实处。群团组织要创新工作方式，充分发挥桥梁纽带作用，最广泛动员组织群众，团结引领群众投身到社会治理实践中去。要引导各类社会组织专业规范运作、依法依规办事，在社会公益事务中发挥独特作用。要创新完善人民群众参与社会治理的组织形式，完善群众参与社会治理的制度化渠道，构建党组织领导下的“群众自治圈”“社会共治圈”。纵向打造好善治指挥链，就是要明确各级党委和政府的职能，充分发挥各层级的重要作用，努力打造权责明晰、高效联动、上下贯通、运转灵活的社会治理指挥体系。当前，尤其要重视打造市域社会治理“前线指挥部”，制定市域社会治理现代化评价标准，开展全国市域社会治理现代化试点，创造可复制可推广的经验，着力解决市域社会治理现代化中的重大问题，努力把重大社会矛盾问题和重大群体性集聚事件解决在市域。同时，要构筑好基层社会治理“桥头堡”，坚持发展“枫桥经验”，推动社会治理重心下移，加强基层基础建设，构建富有活力和效率的新型基层社会治理体系。

夯实政治根基。推进市域社会治理现代化，必须坚持以人民为中心的发展思想，主动适应新时代社会主要矛盾发生的新变化，把老百姓的难点痛点作为推进社会治理现代化的着力点，从人民群众“最恨最怨最烦”的事情抓起，让推进市域社会治理现代化更加利民、惠民、便民、安民，让人民群众成为推进市域社会治理现代化的最大受益者。要牢记警力有限、民力无穷的道理，尊重群众主体地位和首创精神，充分发扬民主、广泛汇聚民智、有效激发民力，让人民群众成为推进市域社会治理现代化的最积极参与者。要把人民群众“满意不满意、高兴不高兴、答应不答应”作为衡量市域社会治理成效的根本标准，探索研究如何把评判的“表决器”交到群众手中，让人民群众真正成为推进市域社会治理现代化的最终评判者。

涵养政治生态。政治生态与社会生态紧密相连、相互影响、相互作用。政治生态好，社会就会正气充盈；政治生态不好，社会就会邪气横生。党的十八大以来，以习近平同志为核心的党中央以大无畏的勇气魄力、铁一般的决心和意志正风肃纪、反腐惩恶，党内政治生态有了根本好转。但全面从严治党永远在路上。我们要以优良的党风促政风带民风，以优良的政治生态引领社会生态，像抓党风那样抓民风，力争通过若干年的努力，使社会风气发生根本好转，树立起新时代社会新风尚。特别是要以扫黑除恶专项斗争为牵引，严厉打击各种犯罪活动，加强社会治安综合治理，不断优化市域和基层政治生态和社会生态，让社会充满正气的力量、正义的光辉。

## 二、发挥“法治”保障作用，增强市域社会治理定力

习近平总书记指出，提高城市治理整体能力，要强化依法治理，善于运用法治思维和法治方式解决城市治理顽疾难题。我们要充分发挥法治固根本、稳预期、利长远的重要作用，善于运用法治精神审视市域社会治理，运用法治思维谋划市域社会治理，运用法治方式破解市域社会治理难题，把市域社会治理纳入法治化轨道，确保社会既安定有序又充满生机活力。

完善法律规范。良法是善治的前提。推进市域社会治理方式现代化，必须坚持法律规范先行。设区市要善于运用地方立法权，建立系统完备、科学规范、运行有效的地方性法规规章，为市域社会治理现代化提供法律支撑。要坚持切口要小、聚焦要准，突出关键性条款，切实解决市域社会治理某一领域

某一方面的特定问题。要突出地方特色，深入总结本地成熟做法并上升为制度规范，确保法规规章务实管用、便于操作。

推进严格执法。坚持严格依法办事，是实现市域社会治理现代化目标的重要前提。要依法严厉打击渗透颠覆破坏活动，深化反恐怖反分裂斗争，有效维护国家政治安全。要深入推进扫黑除恶专项斗争，咬定三年为期目标不放松，以“破案攻坚”开路，以“打伞破网”断根，以“打财断血”绝后，以“问题整改”提质，不断掀起强大攻势，彻底把黑恶势力扫荡根除。要深入推进对黄赌毒等违法犯罪的打击整治行动，加大对拐卖妇女儿童犯罪的打击惩治力度，深化对网络贩枪、网络传销、电信网络诈骗、倒卖公民个人信息等新型网络犯罪的打击整治行动，坚决打掉网络黑灰产业链。要坚持保障合法权益和打击违法犯罪两手都要硬，扎实做好涉众群体稳定工作。要推行领导干部特别是市县领导干部每月下基层大接访制度，认真负责地解决信访积案和群众合理合法诉求，最大限度地把矛盾问题解决在当地。要深入研究生产安全、生态环境、食品药品等领域严格执法问题，拿出治本之策，用法治守护人民群众生命财产安全。

坚持公正司法。要肩扛公正天平、手持正义之剑，重点解决好损害群众利益的突出问题，决不允许让普通群众打不起官司，决不允许滥用权力侵犯群众合法权益，决不允许执法犯法造成冤假错案。要依法加强产权保护，严格依法审慎适用强制措施，避免随意查封、扣押、冻结合法财产，杜绝差异性、选择性执法。要深入推进司法体制综合配套改革，完善领导干部监督管理职责，有效破解权责平衡难题。要强化政法系统执法监督，构建开放动态透明的阳光执法司法机制，让暗箱操作没有空间，让司法腐败无处藏身。

推动全民守法。当法治成为全社会的价值追求和行为模式时，市域社会治理领域的很多难题就会迎刃而解。领导干部要带头维护宪法和法律权威，提高运用法治思维和法治方式深化改革、推动发展、化解矛盾、维护稳定、防控风险的能力。政法队伍要把法治精神当作主心骨，铁面无私，秉公执法，当好新时代法治建设的排头兵。要把法治宣传教育作为市域社会治理的战略性、基础性工程来抓，深入推动“谁执法谁普法”普法责任制落实，努力提高人民群众的法治意识和法治观念，形成办事依法、遇事找法、解决问题用法、化解矛盾靠法的良好法治环境。要坚持法治教育从娃娃抓起，不断增强青少年规则意识和法治观念。

## 三、发挥“德治”教化作用，促进市域社会治理内力

习近平总书记指出，国无德不兴，人无德不立；以理服人、以文服人、以德服人，是中华文化的生命禀赋和生存耐性。治理时空有界，道德力量无穷。道德教化是培育市域社会治理内生动力的重要方式。我们要大力弘扬社会主义核心价值观，重视加强道德教化，提高城乡居民的道德修养和文明素质，让市域社会和谐稳定建立在较高的道德水平之上。

挖掘德治资源。中华传统美德是中华优秀传统文化的“根”与“魂”，是新时代德治的最大本土资源。要深入挖掘中华传统美德的时代价值，为市域社会治理方式现代化提供源源不断的精神动力和道德滋养。在人与国家方面，要倡导“天下为公”“精忠报国”“天下兴亡、匹夫有责”，引导人们发扬爱国主义精

神，强化集体意识、主人翁意识，积极投身新时代社会治理伟大实践。在人与自然方面，要倡导“天人合一”“道法自然”，教育人们敬畏自然，与自然和谐相处。在人与人方面，要倡导“见利思义”“先义后利”，推崇诚实守信、合作互助、成人之美，反对拜金主义和极端个人主义。在人与内心方面，要倡导“正心修身”“慎独慎微慎初”，强化自我约束、自我控制的意识和能力，塑造自尊自信、理性平和、积极向上的良好心态。

健全德治体系。要以社会主义核心价值观为统领，打造具有中国特色、彰显时代精神的德治体系。要加强社会公德建设，切实弘扬真善美、贬斥假恶丑。要加强职业道德建设，开展具有行业特色、职业特点、工作特性的文明行业创建活动，提高各行各业的道德水平。要加强家庭美德建设，深入推进家德家风教育，以千千万万家庭的好家风支撑起全社会的好风气。要加强个人品德建设，推动每个公民提高道德认识、陶冶道德情操、锻炼道德意志、养成道德习惯。要发挥社会、学校、家庭在社会治理中的独特作用，特别是市域各级学校要把德育工作摆在素质教育的首要位置，贯穿于教育教学的各个环节，培养“德智体美劳”全面发展的中国特色社会主义事业建设者和接班人。

强化德治约束。推进道德教化，自律是根本，他律是保障。对伤风败俗的丑恶行为、激起公愤的缺德现象，必须要有硬约束。要提倡把尊老爱幼、扶残助残、和谐敦睦、诚实守信等内容纳入各类规则，引导群众明是非、辨善恶、守诚信、知荣辱。要抓紧建立覆盖全社会的征信系统，健全公民和组织守法信用记录，依法追究违法失信责任，使人不敢失信、不能失信。要加大对见利忘义、坑蒙拐骗、制假售假等行为的执法力度，让败德违法者付出高昂代价，发挥对全社会的警示教育作用。

激发德治能量。要把见义勇为作为市域社会治理现代化的“风向标”，大力开展见义勇为英雄模范表彰工作，形成惩恶扬善、扶正祛邪、扶危济困的社会氛围。要完善见义勇为人员权益保障机制，以执法活动和个案处理为见义勇为者鼓气撑腰，弘扬正气、压制邪气、化解戾气。要大力开展各类文明创建和道德楷模选树活动，引导群众崇德向善、见贤思齐。要充分发挥党员干部模范带头作用，做到明大德、守公德、严私德，以为民务实清廉的人格力量感召群众、引领风尚。

## 四、发挥“自治”基础作用，激发市域社会治理活力

习近平总书记强调，要坚持和完善基层群众自治制度，发挥社会组织作用，实现政府治理和社会调节、居民自治良性互动。基层群众自治是人民当家做主的最直接形式，是社会主义民主政治的基础和重要特征。我们要深刻认识基层群众自治的重要性，充分调动社会主体参与市域社会治理现代化的积极性、主动性、创造性。

完善自治制度。在农村，要健全基层党组织领导的村民自治机制，完善村民（代表）会议制度，推进民主选举、民主协商、民主决策、民主管理、民主监督实践，尤其要全面落实村“两委”换届候选人县级联审机制，坚决把受过刑事处罚、存在村霸和涉黑涉恶、涉邪教等问题的人清理出村干部队伍。要健全村级议事协商制度，形成民事民议、民事民办、民事民管的多层次基层协商格局。要完善党务、村务、财务“三公开”制度，实现重大事项公开经常化、制度化、规范化。在社区，要

完善社区民主选举制度，推进居务公开和民主管理。同时，要以法律法规为依据，规范完善村规民约、居民公约，注重运用舆论和道德力量促进有效实施。

建强自治组织。在农村，要建立以基层党组织为领导、村民自治组织和村务监督组织为基础、集体经济组织和农民合作组织为纽带、其他经济社会组织为补充的村级组织体系。要发挥基层党组织的战斗堡垒作用，增强其全面领导乡村治理的能力。要加强村民委员会规范化建设，提高村民自我管理、自我教育、自我服务能力。要发挥村务监督委员会的监督职能，增强村级集体经济组织的服务功能，在乡村治理中发挥积极作用。在社区，要构建基层党组织领导、基层政府主导的多方参与、共同治理的社区治理体系。要加强社区自治组织规范化建设，促进基层群众自治与网格化服务管理有效衔接，推进社区、社会组织、社会工作“三社联动”，提高服务社区群众的能力和水平。同时，要深化社会组织管理体制改革，重点扶持发展城乡基层生活服务类、公益事业类、慈善互助类、专业调处类、治保维稳类等社会组织，更好发挥他们在维护公共利益、救助困难群众、化解矛盾纠纷、维护社会稳定中的重要作用，让社会组织的微治理释放出大能量。

创新自治活动。要创新完善村（居）民自治有效实现方式，把纸面的制度变成生动的自治实践。要按照协调于民、协商为民的要求，创新基层群众协商议事形式和活动载体，大力发展基层协商民主，将基层社会共治同心圆越画越大。要鼓励开展村民说事、民情恳谈、百姓议事、妇女议事等各类协商活动，搭建便捷的议事平台。要统筹整合基层治理资源，发展壮大群防群治力量，促进社区基础设施共建共享、矛盾纠纷共商共调、治安秩序共治共管。要科学合理划分网格范围，规范网格员服务管理职能，加快打造“红色物业”，把社会治理触角延伸到每个楼栋、每户家庭，把各种矛盾问题解决在基层、化解在萌芽。

激发自治活力。增强基层社会自治活力，关键要深化改革创新。要清理整顿村（社区）组织承担行政事务多、各种评比检查事项多的问题，实行严格管理和总量控制，切实以减负增活力。要明确政府管理权和村（居）民自治权的边界，解决好一些地方村（居）委会行政化问题，切实以规范增活力。要完善政法购买服务制度办法，把非基本公共服务尽可能交给有能力和实力的社会组织去做，切实以社会组织参与增活力。要建立促进市场主体履行社会责任的激励约束机制，鼓励企业利用技术、数据、人才等优势参与基层社会治理工作，切实以引入市场机制增活力。

## 五、发挥“智治”支撑作用，打造市域社会治理动力

习近平总书记指出，任何国家要赶上时代步伐，都必须牢牢抓住科技革命的机遇，否则就要落后。我们要把智能化建设摆到更加突出的位置，上升为重要的治理方式——“智治”，推进市域社会治理体系架构、运行机制、工作流程的智能化再造，加快市域社会治理方式现代化。

推进“智防风险”。能否有效防范化解风险，是评价市域社会治理方式现代化的重要指标。依靠现代科技，我们可以及时发现市域社会风险征兆、判断风险走向、推演风险处置，提升防范化解的能力水平。针对治安风险，要围绕重点行业领域、

重点区域部位，依托“雪亮工程”等基础建设，健全联测联防联处机制，提高智能感知、精准处置能力。针对公共风险，完善智能化监管体系，将企业生产活动、各类安全要素全部纳入大数据平台，实时监测、科学预警、及时处置，确保安全生产和公共场所安全。同时，要加强对人工智能产品开发与应用的全流程监管，做到未雨绸缪、防患未然。

推进“智辅决策”。要用好大数据这个“显微镜”“透视镜”“望远镜”，建立健全大数据辅助决策机制，推动市域社会稳定决策科学化。要强化决策的前瞻性，把社情、警情、案情、舆情等数据全面汇聚起来，及时研判市域社会稳定态势，超前谋划应对之策，推动依靠经验决策向依靠大数据决策转变。要强化决策的精准性，特别是要充分发挥扫黑除恶智能化举报平台的作用，精准分析举报线索，精准跟踪案件办理，精准监测黑恶势力犯罪动向，及时查找打击盲区、校准打击重点，确保有的放矢、打准打透。要强化决策的互动性，方便群众及时了解决策信息、参与论证过程、凝聚思想共识，最大限度把市域矛盾问题化解在基层、解决在萌芽状态。要强化决策的实效性，研发社会稳定决策智能评估模型，有效落实决策实施中的风险管控、效果评价、反馈纠偏，确保决策持续优化改进。

推进“智助司法”。科技理性同司法理性的有机融合，给司法注入新的创造力，强化了市域社会治理的法治保障力。要善于运用现代科技，完善司法权运行机制，减少权力任性，防范冤假错案，提升司法质效。要构建执法司法高效联动协同平台，建立刑事案件智能辅助办案系统，推动公检法机关衔接更顺畅、监督更规范、工作更高效。要健全智能执法办案辅助系统，提高司法辅助事务效能，有效缓解案多人少矛盾，推进执法司法高效便民。要建设案件自动化管理监督平台，完善全流程网上办案体系，自动提醒预警执法办案中的违规操作和廉政风险，实现进度可监控、风险可预估、全程可追溯。

推进“智利服务”。服务人民美好生活新需求，是智治的价值所在。要深化“放管服”改革，大力推进“互联网＋政法服务”建设，构建线上线下一体的智能化政法公共服务平台，把窗口服务尽可能地移到网上、连到掌心，推动“马上办”“一次办”“网上办”，用“小程序”“小服务”解决“大事情”。要扎实推进互联网法院和移动微法院试点工作，加快建设网上诉讼服务中心、12309检察服务中心网络平台，提供线上线下、跨地域跨层级的“一站式”司法服务。要推动公共法律服务与科技创新手段深度融合，为城乡居民提供更多元、更便捷、更精细的法律服务。

（出自“中央政法委长安剑”微信公众号，2019年7月27日）

# 新时代“枫桥经验”的深刻意蕴

## ——赴诸暨蹲点调研报告

根据浙江省委开展“大学习、大调研、大抓落实”活动部署，5月15日至17日，我到绍兴诸暨市开展蹲点调研。其间，先后到枫桥等5个镇街，永宁、栎桥、杜黄新、紫草坞等4个村，枫桥派出所镇南警务站等4个基层政法单位及6个基层社会治理现场点，夜访4户村民家庭，个别谈话24人次，并在枫桥镇主持召开座谈会。通过调研，我对总结提升推广新时代“枫桥经验”，深入推进“平安浙江”“法治浙江”建设有了新的体会、新的认识。

## 一、诸暨市坚持和发展“枫桥经验”的创新实践及成效

调研中，我真切感受到，党的十八大以来，诸暨市把坚持发展新时代“枫桥经验”，作为贯穿平安建设、法治建设的主线，正确处理变与不变的辩证关系，坚持以人民为中心、践行党的群众路线、就地解决问题的基本精神不动摇，不断赋予其新的时代内涵，在城乡社会治理的各个方面都取得了实实在在的效果。2016年、2017年诸暨市平安考核蝉联全省第一；2017年以测评总成绩同类城市全省第一、全国第三，一举创成全国

文明城市；枫桥镇实现全国综治先进集体“五连冠”。5年多来，变化主要体现在以下五个方面：

（一）不断创新服务群众的方式，从源头上预防减少矛盾问题的发生。近年来诸暨市高度重视解决民生问题，市委、市政府每年办好十大民生实事，不断创新服务群众的方式，谋民利、顺民意、达民情，切实解决了一批事关群众切身利益的突出问题。比如，按照省委深化“最多跑一次”改革部署，推行了“一证通办一生事”，让群众感受到了便利和实惠。推行“一网统揽八方事”，把“基层治理四平台”和全科网格深度融合、一体推进，畅通了矛盾就地化解新渠道。枫桥派出所镇南警务站自创了“十访十清”“五议一创”“十小十好”等载体，当好辖区群众的“好邻居”“好帮手”，群众满意率达99.8%。在店口，当地派出所牵头成立“流动人口服务之家”，组建流动人口党支部，使流动人口真正融入当地，实现安居乐业。直埠镇紫草坞村对闲置房屋进行“集约化”改造，创建了出租房“旅馆式”管理新模式，做到了“政府放心、村民开心、租户暖心”。

（二）积极探索矛盾不上交的机制和办法，尽最大努力做到“小事不出村、大事不出镇”。诸暨市准确把握“枫桥经验”就地化解矛盾、解决问题的精髓，强化责任担当，创新工作机制，努力实现矛盾不上交。建立了“零上访村”“零上访镇”的创建机制，开展村与村、镇与镇之间的互学互比，激发了各级抓信访、破难题、重化解的主动性，推动各类矛盾问题在镇、村层面得以解决。2017年，140个村创成“零上访村”，占全市行政村（社区）的1/4以上。健全落实县级领导接访下访制度，建立“谁接待、谁跟踪、谁回访”机制，实现责任和服务双闭环。探索建立信访积案化解机制，总结推广“化解七法”，历年信访积案化解率达90%以上。

（三）高度重视社会组织的培育和实质性作用的发挥，基层治理社会化水平大幅提升。诸暨市积极培育、推动发展社会组织，为群众参与社会治理搭建了许多新的载体和平台。2014年12月，由市民政局牵头，建立了社会组织孵化中心，至今已孵化社会组织96家。目前，全市共有社会组织2236家，参加人数达273970人，占150万常住人口的18.3%。枫桥镇目前有覆盖各个阶层、各类人群的社会组织近50个，涵盖了治安巡逻、矛盾化解、网格化管理、心理服务、特殊群体帮扶等各个方面，参加人数达17850人，平均每3人中就有1人参加了社会组织。同时，积极探索以政府采购、定向委托等方式向社会组织购买服务，推动社会组织在基层治理中发挥实质性作用，解决了许多政府想管而又管不了的问题。“枫桥大妈”、“店口红帽子”、乡贤参事会等一大批有影响力的社会组织，带动社会力量参与平安志愿服务和基层治理，成为诸暨的靓丽风景。

（四）调解组织从单一主体向多元主体转变，形成了矛盾纠纷就地就近化解的有效机制。针对矛盾纠纷主体多元、诉求多元、类型多元的新特点，诸暨市调动和组织各方资源，坚持“用不同的钥匙开不同的锁”，积极构建多元化纠纷解决体系。拓宽第三方参与纠纷化解渠道，成立了涉土、医患、纺织、汽配等几十个专业性、行业性人民调解组织，做到专业纠纷、专业化解。鼓励镇、村德高望重又热心公益事业的新乡贤、老党员、老教师、老政法干警担任志愿者，涌现出像“老杨工作室”“老朱工作室”“娟子工作室”等一批群众认可的品牌调解组织。发挥网络信息技术在化解矛盾纠纷中的作用，推动线下调解向线上调解拓展，实现跨时空、一站式解决矛盾纠纷。比如，“全国十佳人民法庭”枫桥法庭，推行“互联网＋调解”新模式，开展网上立案、在线调解，让群众足不出户轻松实现纠纷化解。

（五）不失时机地加强乡村文化建设，打造群众的精神家园。诸暨以创建“文化新家园”为载体，坚持“枫桥经验”与当地独特的文化融合升华，为创新基层社会治理、深化平安建设提供了不竭动力。在村、学校、企事业单位建立“红枫”书吧，举办“红枫”读书交流会，建立“三贤文化”研究会，创建“中国诗歌小镇”，编排“调解故事”等系列乡村舞台剧，让老百姓自己讲述“枫桥经验”故事。通过兴建乡村记忆馆、农村文化礼堂和创建孝德村，弘扬孝义文化，营造敬孝向善、重义守信的浓厚氛围。注重挖掘、传承和发扬优秀传统文化的治理智慧，村规民约、乡贤参事会、道德讲堂、红黑榜等日益发挥着重要作用，实现了优秀传统文化与现代治理元素的有机融合。

## 二、新时代“枫桥经验”的核心内涵和时代价值

实践证明，新时代“枫桥经验”已不限于矛盾纠纷化解的经验，不限于政法综治领域的经验，而成为新时代践行党的群众路线、推进基层治理现代化的经验。我感到，15年来，在习近平同志坚持发展“枫桥经验”重要指示指引下，“枫桥经验”不断实践、不断创新、不断发展，由感性认识上升到理性认识，其核心内涵和时代价值已远远超出了“经验”二字，已经成为习近平新时代中国特色社会主义思想的有机组成部分，是习近平新时代基层治理思想的集中体现和实践运用。我们要以开展纪念毛泽东同志批示学习推广“枫桥经验”55周年暨习近

平同志指示坚持发展“枫桥经验”15周年活动为契机，努力在“变”与“不变”的大逻辑中提炼出新时代“枫桥经验”的核心内涵，使其在新时代焕发新风采。新时代“枫桥经验”至少包含以下四个方面：

（一）坚持以人民为中心。这是新时代“枫桥经验”的根本落脚点。一切为了群众、一切依靠群众，是“枫桥经验”不变的初心，也是“枫桥经验”的核心和灵魂。随着我国社会主要矛盾的变化，当前基层群众对政法工作、社会治理、平安建设、法治建设的需求也发生了许多新的变化，他们盼望过上更高品质的生活，期待全方位、持久的平安，期盼更公平公正的法治环境，希望更好地实现人生价值。新时代“枫桥经验”启示我们，把以人民为中心的发展思想落实到具体工作中，就是要做到经常想一想群众最盼望什么，最关心什么，最怨恨什么。要坚持一切为了群众，自觉把以人民为中心作为看问题、想对策、抓落实的出发点和落脚点，让群众有更充分的获得感、幸福感、安全感。同时，这几年来，诸暨大量社会组织应运而生，广大人民群众自我管理、自我服务、自我提升的热情空前高涨。这进一步启示我们，要深刻懂得人民群众的实践往往走在我们认识前面的道理，坚持人民主体地位，尊重群众首创精神，自觉拜群众为师、向人民学习，最大限度调动群众参与社会治理的能动性、创造性，做到社会治理过程让群众参与、成效让群众评判、成果让群众共享。

（二）坚持党建引领。这是新时代“枫桥经验”的根本保证。调研中，我感受到，凡是“枫桥经验”坚持和发展得好的地方，都是党建工作和社会治理融合得好的地方，是基层党组织战斗堡垒作用和党员先锋模范作用发挥得好的地方。基层党组织是我们党治国理政的神经末梢，是基层治理的“领头雁”。“枫桥经验”在新时代要创新发展，至关重要的一条，就是要坚持党建引领，使基层党组织建设与基层治理有机衔接、良性互动，通过政治领导、组织引领、能力引领、机制引领，以党的建设贯穿基层治理、保障基层治理、引领基层治理。要把村级党组织核心树起来，选优配强村“两委”班子，特别是村党支部书记这个“带头人”。要发挥党员干部在基层管理服务中的先锋模范作用，把党组织的服务管理触角，延伸到社会治理的每个末梢，实现党委领导下的政府治理和社会调节、居民自治良性互动。

（三）推进自治、法治、德治相融合。这是新时代“枫桥经验”的根本方法。自治、法治、德治“三治融合”是浙江基层百姓的创造，也是创新发展“枫桥经验”的最新成果。诸暨“三治融合”实践带来的变化是巨大的。比如，坚持“三上三下”民主议决事制度，通过最广泛动员群众参与决策，从源头预防矛盾发生；制定村民行为约束“负面清单”和劝导式“正面清单”；设立村级法治大讲堂，引导群众依法维权，等等。我们要坚持以善治为目标，加大“三治融合”体系建设推广力度，创建一批“三治融合”示范村，完善城乡基层社会治理新模式，更好地激发群众内生动力。要强化自治的基础作用，健全以群众自治组织为主体、社会各方广泛参与的新型社区治理体系，促进民事民议、民事民办、民事民管。强化法治的保障作用，引导社会成员养成在法制轨道上主张权利、解决纷争的习惯，遵循法治思维、法治方式开展基层社会治理。强化德治的引领作用，充分发挥中华优秀传统文化优势，大力弘扬社会主义核心价值观，通过乡贤、道德榜样、村规民约、家训家风、生活礼俗的教化作用，引导人们行为，规范社会秩序，平息矛盾纠纷。

（四）提升基层治理的社会化、法治化、智能化、专业化水平。这是新时代“枫桥经验”的根本要求。在诸暨，2236个社会组织、38000多名平安志愿者常年活跃在基层治理一线；群众崇法、守法、用法的氛围日益浓厚，法治理念、法治意识已经融入百姓的日常生活、行为规范之中；雪亮工程、大数据运用等信息化建设正扎实展开；专群结合、专业人办专业事的导向进一步形成，为推进基层治理现代化打下了良好基础。我们要在做好社会化这篇大文章上下功夫，培育和引导更多的社会组织参与社会治理。要在运用法治思维和法治方式引领基层治理上下功夫，使循法而行成为基层社会治理的价值准则和自觉行动。要在创新“互联网＋”社会治理模式上下功夫，让大数据多跑路，让老百姓少跑腿。要在推进基层治理专业化上下功夫，既充分发挥政法队伍的主力军作用，又积极培育发展职业化、专业化的社工队伍，促进社会治理更专业、更集约、更高效。

## 三、总结提升推广新时代“枫桥经验”要处理好五个关系

总结提升推广新时代“枫桥经验”，深化“平安浙江”“法治浙江”建设，进而为促进国家治理体系和治理能力现代化贡献更多的浙江元素，需要我们正确认识和处理五个关系：

（一）正确处理党政推动与发动群众的关系。党的十九大报告指出，要加强社会治理制度建设，完善党委领导、政府负责、社会协同、公众参与、法治保障的社会治理体制。党政推动，是“枫桥经验”的政治优势；发动群众，是“枫桥经验”的核

心要义。现代社会，善不善于发挥社会主体积极性，是衡量党委、政府社会治理能力高低的重要标志。千难万难，发动群众就不难。诸暨的实践表明，总结提升推广新时代“枫桥经验”，要坚持党政推动与发动群众相统一，既确立党委政府在社会治理中的主导地位，又突出社会组织、基层自治组织和人民群众在社会治理中的主体地位，两者相得益彰、不可或缺。

（二）正确处理解决突出问题与建立长效机制的关系。习近平总书记指出，我们强调求实效、谋长远，求的不仅是一时之效，更有意义的是求得长远之效。坚持发展“枫桥经验”不能就事论事、不能就化解矛盾而化解矛盾，既要立足当前，解决好社会治理领域的突出问题，又要着眼长远，将一些行之有效的做法和经验固化为长效机制，更好地指导和推动面上工作。当前，特别要从群众最盼最急最忧的问题入手，瞄准要害、精准发力，切实把风险防住、把漏洞堵严、把短板补齐；更要总结固化成功做法，建立完善科学治理、有效治理的长效机制，在创新制度、健全机制中丰富“枫桥经验”的内涵。

（三）正确处理压实责任与鼓励担当的关系。落实社会治理各项措施，需要明晰任务清单、责任清单和追责清单，形成社会治理领域的责任链。这其中，最重要的是要最大限度激发基层干部群众的内生动力，变“他觉”为自觉，变被动履职为主动担当，防止把层层压实责任变成层层转移责任、层层推卸责任。总结提升推广新时代“枫桥经验”，就要更加注重发挥基层干部群众的首创精神，积极鼓励和支持基层大胆实践、敢于担当、勇于创新，努力提升破解基层治理难题的能力和水平。

（四）正确处理培育典型与面上推广的关系。调研中，我们欣喜地看到，新时代“枫桥经验”已在诸暨全域全面推开，各级各部门在相互学习借鉴中不断完善，形成了你追我赶的良好局面。但从全省面上看，一些地方仍然存在重典型培育、轻典型引路，重“点”上包装、轻“面”上推广等倾向，影响了社会治理的效能。培育典型不容易，由点及面更困难。总结提升推广新时代“枫桥经验”，就要本着“抓培育、树典型，抓推广、促提高”的思路，既注重培育、造就一批重量级社会治理工作“盆景”，更注重加大面上复制推广力度，努力变“盆景”为“风景”，聚“风景”为“全景”，真正使新时代“枫桥经验”在全省遍地开花。

（五）正确处理基层治理与地方发展的关系。党的十九大报告提出，要按照产业兴旺、生态宜居、乡风文明、治理有效、生活富裕的总要求，建立健全城乡融合发展体制机制和政策体系。这些年，诸暨市以坚持发展“枫桥经验”为牵引，在保障民生的过程中预防化解矛盾，以社会治理的成效护航经济社会发展，呈现出经济发展与社会稳定同步推进、人民群众获得感幸福感与安全感同步提升的良好局面。诸暨的实践启示我们，抓基层治理不能就事论事，要把基层治理融入经济社会发展全局；不能单打独斗，要与经济社会发展各项工作统筹起来。总结提升推广新时代“枫桥经验”，就要深刻理解和把握习近平总书记关于实施乡村振兴战略的重要论述，把提升推广新时代“枫桥经验”纳入乡村振兴总体规划，把推进基层治理现代化放到“两个高水平”建设大局中去谋划，更好地服务保障经济社会发展，为浙江“两个高水平”建设做出更大贡献。

（作者系浙江省委常委、政法委书记王昌荣，摘自《浙江日报》，《新时代“枫桥经验”的深刻意蕴》）

# 新时代“枫桥经验”的实践、内涵与价值

“枫桥经验”形成于社会主义建设时期，发展于改革开放新时期，深化于中国特色社会主义新时代，经历了“管制——管理——治理”三个发展阶段，目前正在走向“善治”。第一个阶段是管制的经验，在开展社会主义教育运动过程中，按照毛泽东同志的群众路线思想，发动和依靠群众，对“四类分子”进行就地管制、教育和改造，实现矛盾不上交。第二个阶段是管理的经验，针对改革开放新时期出现的新矛盾，按照邓小平同志“稳定压倒一切”的方针，加强自上而下的管控，并动员群防群治，维护社会稳定。第三个阶段是治理的经验，针对新时代出现的新矛盾，按照习近平同志的社会治理思想，以人民为中心，加强政府与社会良性互动，自上而下与自下而上相结合，实现共建共治共享。从管制到管理，再到治理，“枫桥经验”历经了两次历史性飞跃，实现了自身转型与经验升华。

党的十八大以来，“枫桥经验”踏上社会治理新征程，在习近平中国特色社会主义思想指导下，不断提升城乡基层社会治理能力，加快打造新时代“枫桥经验”步伐。由此，“枫桥经验”的时代内涵发生了变化，从原来化解基层矛盾纠纷向创新基层社会治理转变，探索出一系列新做法、新经验，为丰富新

时代中国特色社会主义基层社会治理体系提供了鲜活样本，为坚定中国特色社会主义道路自信、理论自信、制度自信、文化自信树立了基层榜样。

## 一、新时代“枫桥经验”的实践创新

绍兴市作为“枫桥经验”的发源地，针对新时代出现的新问题新挑战，加强和创新基层社会治理，通过“政治、自治、法治、德治、智治”五治结合，构建共建、共治、共享社会治理新格局，提升基层社会治理现代化能力，打造“枫桥经验”升级版。

### （一）政治为统领

政治在社会治理中有统领作用，要坚持党建引领基层社会治理，牢牢把握发展方向。近年来重点从三个方面加强“政治”。一是全面从严治党。实施村干部“四不公开”承诺，要求村干部签订“不承包承建本村工程、不违规干预和插手本村工程、不违规发展党员和不履职就辞职”的承诺。实施党员“四零”承诺，要求所有党员“零四违、零非访、零脏乱、零污水”，并开展党员日常表现量化管理，如枫桥镇每年有1%左右的党员被警示教育。二是整治干部作风。出台“枫桥式”干部管理十条，每季度开展一次“枫桥式”干部培训，提高镇村干部的履职能力和水平。开展干部“进村赶考”，通过乡镇干部驻村连心，机关干部“返乡走亲”，党员干部结对联户交心，让干部走向一线，及时解决矛盾和群众诉求。三是开展“五星达标、三A争创”创建活动，坚持高标准打造党建引领农村事业全面提升的绍兴样板。

## （二）自治为基础

自治是社会治理的基础，基层治理主要依靠人民群众自我管理来实现。近年来重点从四个方面加强“自治”：一是加强村级自治组织建设。打击贿选，配强村干部队伍，着力提高“三自我”（自我教育、自我管理、自我服务）和“四民主”（民主选举、民主决策、民主管理、民主监督）的能力。二是健全基层协商民主机制。通过村（居）民议事会、民情恳谈日等形式，开展灵活多样的协商民主活动，涌现出以枫源村“三上三下”民主决策机制等为代表的一批基层民主自治实践典范，加快实现民事民议、民事民办、民事民管。三是激发各类社会组织活力。建立健全社会组织服务和管理机制，培育大量社会组织，并引导其积极参与公共服务、治安维护、矛盾化解、慈善救助等活动。四是推进村规民约建设。充分发挥村规民约（社区公约）在基层社会治理中的积极作用，以规约引导规范村民和社区居民的行为。

## （三）法治为保障

法治是社会治理的基本规则，只有树立法治规矩，才能使基层社会治理循着法治轨道有序运行。“枫桥经验”近年来重点从五个方面加快推进基层法治建设：一是加强“民主法治村（社区）”建设。进一步提升“民主法治村（社区）”创建质量和实际效果，并对民主法治村（社区）实行“挂牌子、亮身份”，发挥示范引领作用。二是创建“枫桥式”基层政法单位。持续开展“枫桥式”乡镇（街道）、“枫桥式”人民法庭、“枫桥式”派出所、“枫桥式”检察室、“枫桥式”司法所创建活动，夯实基层法治的组织建设。三是实施“法治惠民”工程。健全村（社区）法律顾问制度，实现“一村（社区）一律师”配置。加快实现村（社区）法律顾问“e服务微信群”建设全覆盖，加速构建网络立体化的法律服务模式。四是加强公民信用体系建设。着力探索打造体系完备、机制健全、运转有序、奖惩有度的公民信用体系，对个人信用实行评分制管理，逐步形成使守信者“处处守信，事事方便”、失信者“一处失信，处处受制”的信用联动奖惩机制。五是健全依法维权和化解纠纷机制。树立法律权威，营造办事依法、遇事找法、化纠靠法的氛围。建立矛盾法治甄别疏导机制，加强源头甄别和分类疏导，对不适合调解或多次调解无果的案件，发放依法处置劝导书。推动信访法治化，规范信访秩序，杜绝“花钱买平安”，加大非访打击力度。

### （四）德治为先导

德治是社会治理的先导，因为“德治”处于文明系统的上位，统摄着全社会的价值观、伦理观。“枫桥经验”近年来重点从五个方面加快推进基层德治建设：一是动员乡贤参与社会治理。重塑乡土精英治理模式，发挥乡贤反哺桑梓、凝心聚力、教化村民等作用。二是充分发挥家训家规的作用。挖掘整理大量绍兴名人家训家规，征集评选文明家训家规、优秀家风故事，使全社会形成家风好、民风淳的良好道德氛围。三是建立农村文化大礼堂。通过农村文化礼堂建设，提升村级文化建设水平，打造精神家园。四是健全“最美绍兴人”挖掘培育学习机制，充分利用报纸、电视、广播、网络等加大宣传。精心培育好人文化，建设一批好人工作室、好人长廊、好人主题公园、好人广场、好人展馆，用身边好人汇聚社会善行。五是探索社会心理服务体系建设。社会心理服务是“心防”工程，可以培育理性平和、积极向上的社会心态，是提升德治的重要途径。近年来大力推动社会心理服务和教育进学校、进社区、进单位，加大普及宣传和应用。

## （五）智治为支撑

智能化是社会治理的技术保障，只有插上“互联网＋”的翅膀，基层才能有效提高治理效率和治理精准度。“枫桥经验”近年来重点从五个方面加快推进基层智能化治理：一是加强“基层治理四个平台”建设。利用互联网手段，加强基层“七站八所”力量整合，实现“基层治理四个平台”建设全覆盖，推动县乡之间职责重构、资源重配、体系重整，解决乡镇（街道）“看得见的管不了、管得了的看不见”的现实难题。同时深入推进“全科网格”建设，统一编制网格代码，绘制网格地图，实行网格事项准入制，确定网格责任清单。二是实现行政审批“最多跑一次”。利用“大数据”和科技手段，构建各种信息互通平台，全力开展重点突破、难点突破、典型突破，加快打造办事效率最高、政务环境最优、办事群众最满意的公共服务体系。三是推进“雪亮工程”建设。以县、乡、村三级综治中心为指挥平台、以综治信息化为支撑、以网格化管理为基础、以公共安全视频监控联网应用为重点，推进“群众性治安防控工程”，发动社会力量和广大群众共同监看视频监控，让群众用“雪亮的眼睛”来一起加强治安防控。四是部署“在线矛盾纠纷多元化解平台”推广应用工作。依托互联网技术、人工智能和大数据，将在线咨询、评估、调解、仲裁、诉讼五大功能有机结合，在矛盾纠纷化解领域推进“最多跑一次、最好不用跑”改革。五是建立政法机关一体化办案系统。通过跨部门的数据交换、业务协同、数据共享、流程再造，打破信息壁垒，开通信息“高速公路”，构建政法机关一体化的网上协同办案体系。

## 二、新时代“枫桥经验”的核心内涵

毛泽东群众路线思想形成了社会主义建设时期的“枫桥经验”，邓小平社会稳定思想发展了改革开放新时期的“枫桥经验”，习近平中国特色社会主义思想深化了新时代的“枫桥经验”。“枫桥经验”的内涵在新时代得以丰富与发展。

### （一）新时代“枫桥经验”的“变”与“不变”

中央政治局委员、中央政法委书记郭声琨同志在诸暨调研时强调，“枫桥经验”要处理好“变”与“不变”的辩证关系，这也是我们提炼新时代“枫桥经验”内涵要掌握的基本原则。

1.“枫桥经验”不变的东西

“要循着社会主要矛盾的变化，以变应变，但有些方面要以不变应万变。在总结‘枫桥经验’时，也要本着这样的思路去思考。以不变应万变，就是巩固基层，就是社会治理的主体没有变。这些年来，我们一切为了群众，一切依靠群众，一切以人民为中心，这些理念主旨始终没有变。”可见，“枫桥经验”始终不变的是坚持党的群众路线，为了群众、依靠群众、发动群众，这是新时代“枫桥经验”提炼总结后必须始终遵循的东西。

2.“枫桥经验”变化的东西

“‘枫桥经验’循着不同阶段的不同矛盾、不同需求和人民群众的愿望，在不断地变化，始终与时俱进，不断创新。不同时代‘枫桥经验’的治理体系是不一样的，社会治理的体制机制在不断创新，方式方法在不断创新。所以要以变制变，用现代治理。”本文认为，新时代“枫桥经验”要突出“四个新”。

一是突出新时代的新方法。“枫桥经验”的方法已从毛泽东时代的“政治动员”，发展到邓小平时代的“群防群治”，再深化为习近平时代的“三治结合”。党的十九大明确提出“健全自治、法治、德治相结合的乡村治理体系”，“三治结合”思想是习近平新时代中国特色社会治理思想的重要内容。因此，我们要以“自治为基、法治为本、德治为先”，把三者有机结合起来，协同推进，形成新时代“枫桥经验”方法论创新的有机整体。另外，还要突出新时代信息化、智能化的手段，以“互联网＋”加快推进基层社会治理现代化。

二是突出新时代的新元素。“枫桥经验”的工作领域已从最初“开展社教运动”向后来“化解矛盾纠纷”向当前“创新基层治理”转变。因此，“枫桥经验”的内涵不但要有矛盾化解、平安建设等老元素，而且要有共建共享、高效服务等新元素，把新时代最有亮点的工作，如“最多跑一次”、基层治理“四个平台”等作为重要元素嵌入其中。

三是突出新时代的新目标。“枫桥经验”的目标已从最初“矛盾不上交”到后来“平安不出事”到当前“共建共治共享”转变。因此在提炼新时代“枫桥经验”的目标时，不能再局限于原来的“老三不”（小事不出村，大事不出镇，矛盾不上交），而应拓展到更高层面。目前，浙江省公安厅调研组提炼出的“新三不”（矛盾不上交，平安不出事，服务不缺位）比较契合，这个目标集“解纠、平安、服务”于三位一体，更符合新时代要求，更加让人民群众有获得感、幸福感和安全感。但是，“新三不”采用否定式的表述，突出“破”而缺乏新时代的“立”，因此最好能用肯定式的表述。另外，“新三不”的提炼，只着眼于目标性的表述，还缺乏方法论的表述。

四是突出新时代的新边界。新时代的“枫桥经验”要从乡村治理体系向城镇、社区治理体系建设扩展，要从地方经验向全国经验拓展，甚至走向世界。因此在表述语的提炼中，不宜带有明显的地域性表述，不宜再出现“镇、村”等字样。

### （二）新时代“枫桥经验”的核心内涵

新时代“枫桥经验”已经有了崭新的时代内涵，成为习近平新时代中国特色社会主义思想的重要组成部分。这一新经验包含五个基本要素，即党建引领，人民主体，三治融合，基层基础，平安和谐。

1. 党建引领

2018年中央政法工作会议明确提出“坚持以党建为引领，筑牢社会和谐稳定新防线”，纪念毛泽东同志批示学习推广“枫桥经验”55周年暨习近平总书记指示坚持发展“枫桥经验”15周年大会上又强调“坚持把党的领导作为根本保证”。这跟一度“枫桥经验”以政法为引领的做法有明显不同。为什么要强调“以党建为引领”？因为党建有自己独特的政治优势，能通过组织引领、思想引领、制度引领、作风引领和实践引领等，从全局上调动最广泛的力量参与、从综合上施策解决矛盾纠纷。同时“党建引领”也是中国特色基层治理跟西方国家基层治理的重要区别。

2. 人民主体

新时代“枫桥经验”以人民为中心，从三个层面贯彻落实党的群众路线，即“一切依靠人民”“一切为了人民”“一切让人民来评判”。“枫桥经验”充分认识到人民群众的广泛性、智慧力，因此善于“发动群众、依靠群众”开展工作，从而提高人民群众的参与感、认同感；同时把一切工作的出发点、落脚点都以“为了群众、满足群众”为标准，让人民群众有获得感、幸福感；最终以人民群众满意不满意为标准，来衡量各项工作的成效。

3. 三治融合

重视方法论创新是“枫桥经验”的一大特点，也是“枫桥经验”始终保持生命力的奥秘所在。新时代“枫桥经验”的方法论又有创新，实现自治、法治、德治三种方法的互补、融合。其中自治是基础，激发基层社会治理的内生动力；法治是保障，运用法治思维和法治方式推进基层社会治理；德治是先导，使基层社会治理建立在较高的道德水平之上。

4. 基层基础

基层强则工作强，基础实则基层稳，“枫桥经验”的关键是“基层基础”。“枫桥经验”从党政组织、自治组织和社会组织三个层面同步推进基层基础建设。一方面继续加强“枫桥式乡镇街道”“枫桥式派出所”“枫桥式法庭”“枫桥式司法所”“枫桥式检察室”等基层政法组织建设，另一方面还应加强社会层面、群众力量的基层组织建设，重点是加强村居自治组织、培育社会组织，激发社会活力，夯实基层基础建设。

5. 平安和谐

“枫桥经验”最原初、最精髓的是矛盾不上交，就地解决。习近平同志在浙江主政期间力推平安建设，以及在纪念毛泽东批示“枫桥经验”50周年时强调要“解决涉及群众切身利益的矛盾与问题”，都体现出上层最为关注的是“枫桥经验”的社会稳定器作用。因此，新时代“枫桥经验”仍然把平安和谐作为主要目标，创新矛盾纠纷多元化解机制，建设“平安中国示范区”。

## 三、新时代“枫桥经验”的重要价值

“枫桥经验”作为马克思主义理论与中国实践相结合的产物，始终能够顺应时代要求，及时担当历史使命与破解时代难题，其每一次转型和蝶变都为中国特色社会主义道路、理论、制度、文化的拓展提供了可借鉴、可复制的经验，一直是中国特色社会主义道路、理论、制度和文化实践创新的领头羊。“枫桥经验”是人民群众在实践中的伟大创造，体现了中国特色社会主义道路的正确性和优越性，蕴含在科学丰富的中国特色社会主义法治理论和社会治理理论之中，展示了社会治理现代化的重大成果，传承着中华民族的优良传统。新时代“枫桥经验”已经成为中国特色基层社会治理的经典样本，它的成功之路，有助于我们进一步坚定中国特色社会主义的道路自信、理论自信、制度自信和文化自信。

### （一）有助于坚定道路自信

党的十八大对中国特色社会主义道路作了清晰的界定和科

学的概括，即：“在中国共产党领导下，立足基本国情，以经济建设为中心，坚持四项基本原则，坚持改革开放，解放和发展社会生产力，建设社会主义市场经济、社会主义民主政治、社会主义先进文化、社会主义和谐社会、社会主义生态文明，促进人的全面发展，逐步实现全体人民共同富裕，建设富强文明和谐的社会主义现代化国家。”“对于这条道路，我们充满信心，坚信它是全面建成小康社会、加快推进社会主义现代化、实现中华民族伟大复兴的必由之路。因为这条道路是中国共产党团结带领中国人民艰苦探索的必然结果，是历史和人民的正确选择。”

“枫桥经验”走出了一条具有中国特色的基层社会治理道路。首先，这条道路始终坚持党的领导。“枫桥经验”一直有着很强的政治意识、大局意识、看齐意识和服从意识，能把党的路线方针政策有效贯彻落实，从不自搞一套，阴奉阳违，但又能善于在大的方针政策和法治框架下适度创新，从而产生比别的地方更好的执行效果。其次，这条道路充分发挥党的政治优势。“枫桥经验”善于发挥基层党组织的政治引领功能、思想引领功能、制度引领功能和作风引领功能，把基层干部、党员、村民代表、社会组织、企事业和群众力量都调动起来，齐心协力干好新时代社会主义新事业。可见，“枫桥经验”走出了跟西方国家不一样的基层社会治理道路，形成了一种新的社会治理的“东方经验”，有力地彰显出道路自信。

### （二）有助于坚定理论自信

党的十八大对中国特色主义理论体系作了明确的阐述，即“中国特色社会主义理论体系，就是包括邓小平理论、‘三个代表’重要思想、科学发展观在内的科学理论体系，是对马克思列宁主义、毛泽东思想的坚持和发展”。党的十九大又进一步明确“新时代中国特色社会主义思想是中国特色社会主义理论体系的重要组成部分”。习近平新时代中国特色社会主义思想已经成为中国特色社会主义理论的重要组成部分，其中社会治理思想又是其中最富有新意的思想之一。自党的十八大以来，习近平同志逐步形成了社会治理战略布局论、社会治理性质论、社会治理格局论、社会治理主体论、社会治理动力论、社会治理基本原则论、社会治理体系论、社会管理体制改革论、社会治理机制论、网络社会治理法治论等一系列社会治理新理论，这对新时代社会治理工作有着全面指导作用。

在中国特色社会治理理论的指导下，“枫桥经验”形成了与西方相异的基层社会治理模式。西方国家大致有“社会主导、政府协助型模式”“社区、政府、国家合作管理型模式”“政府主导、社会协作管理型模式”三种基层社会治理模式，“枫桥经验”是在对我国传统基层治理文明创新性挖掘基础上进行的基层社会治理体系建设的实践探索，是打造共建共治共享社会治理格局“东方模式”。这种社会治理是党政社民协同治理而非互相制衡、互为对抗的模式，能把全党全社会的力量都整合起来，实现合作共治。这进一步丰富了中国特色社会主义的治理实践与理论，为坚持和发展中国特色社会主义理论贡献了基层力量。

### （三）有助于坚定制度自信

党的十八大指出，“中国特色社会主义制度，就是人民代表大会制度的根本政治制度，中国共产党领导的多党合作和政治协商制度、民族区域自治制度以及基层群众自治制度等基本政治制度，中国特色社会主义法律体系，公有制为主体、多种所有制经济共同发展的基本经济制度，以及建立在这些制度基础上的经济体制、政治体制、文化体制、社会体制等各项具体制度”。其中，落实到基层社会治理领域，最密切相关的是基层群众自治制度这一基本政治制度以及基层协商民主制度等具体制度。自党的十七大将“基层群众自治制度”纳入中国特色基本政治制度范畴以来，全国基层各地涌现了形式丰富的基层群众自治形式。

新时代“枫桥经验”积极探索基层群众自治的新方法新路径，其中重点是落实基层群众自治制度，由村（居）民委员会带领广大人民群众开展自我教育、自我管理、自我服务，加大村（居）事务信息公开，加强议事协商，扩大有序参与，强化权力监督，从源头上保证“小事不出村”；其次是探索创新基层协商民主制度，从乡镇、村（社区）和企事业单位各个层面开展民主协商，从制度上为“大事不出镇”提供保障。新时代“枫桥经验”是贯彻基层群众自治制度最为典型的代表，是提升基层自治能力最为显著的样本，也是佐证中国特色社会主义制度自信最有说服力的地方经验。

### （四）有助于坚定文化自信

党的十九大指出：“文化是一个国家、一个民族的灵魂。文化兴国运兴，文化强民族强。没有高度的文化自信，没有文化的繁荣兴盛，就没有中华民族伟大复兴。要坚持中国特色社会主义文化发展道路，激发全民族文化创新创造活力，建设社会主义文化强国。”中国特色社会主义文化，源自于中华民族五千多年文明历史所孕育的中华优秀传统文化，熔铸于党领导人民在革命、建设、改革中创造的革命文化和社会主义先进文化，植根于中国特色社会主义伟大实践。文化治理已经是体现一个现代国家治理“软实力”的重要标志。

“枫桥经验”有着深厚的文化底蕴，是传承中华优秀文化和弘扬现代治理文化的垂范者。第一，“枫桥经验”蕴含“和合”文化。“枫桥经验”提倡以和为贵、平安和谐，喜欢用调解而非打官司的方式解决问题，这非常契合“和合”文化的精神。第二，“枫桥经验”传承乡贤文化。乡绅治理是中国几千年封建社会有效治理的基石之一，我国有着深厚、源远流长的乡贤文化。近年来“枫桥经验”重建乡贤组织，充分调动乡贤在发展经济、化解矛盾、公益服务等方面的作用，重新塑造了一股乡贤文化气息。第三，“枫桥经验”弘扬基层协商文化。传统“枫桥经验”一直蕴含着丰富的协商基因，新时代“枫桥经验”又走出了一条基层协商民主的新路子。但这种基层协商民主跟西方协商民主不一样，不是权力较量与利益分配的竞争过程，而是建立在社会共同利益基础之上，其本质内容是全面实现人民当家做主的各项权利，进一步推进有序的政治参与。第四，“枫桥经验”孕育基层法治文化。这种基层法治文化重视民间法，重视本土法律文化资源的利用，重视具体法治，跟西方国家机械注重法条的法治文化有明显区别，具有中国自己的特色。“枫桥经验”已经成为中国特色社会主义文化的集大成者，也让人深切感受到了中国文化自信的魅力所在。

*（中共绍兴市委党校“枫桥经验”研究中心常务副主任、教授　卢芳霞）*

# 调解成功率达到68.17%，天津法院三大举措传承“枫桥经验”

“啪！”

当事人一把拍在调解法官贺长滨前面的桌子上，颤巍巍地站了起来：“我就是个小老百姓，我不知道什么法律不法律的，这么多年我住在那里，他们也没说什么，怎么一搬迁就都跑出来了……”

在她对面，贺长滨默默地站着，静静地等着她把心里的委屈倒完。

这是今年8月28日天津市红桥区人民法院铃铛阁派出法庭调解室发生的一幕。

55年间，一条以“发动群众，依靠群众，就地解决矛盾”为精髓、诞生于浙江诸暨枫桥小镇的基层治理经验，正在天津生根发芽开花，结出累累硕果。今年1至8月，天津法院诉前调解案件共9991件，调解成功6811件，调解成功率达到68.17%。

## 巡回法庭：离矛盾近一点，再近一点

疾在腠理，汤熨之所及也；在肌肤，针石之所及也；在肠胃，火齐之所及也；在骨髓，司命之所属，无奈何也。

——韩非

小病不医，讳疾忌医，最终只会越积越深，导致病入膏肓。

田琪59岁了，今年是他在河北区月牙河街道巡回法庭担任法官的最后一年。像这样的巡回法庭，在河北区总共有4个。从事了多年的巡回审判工作，防微杜渐的道理田琪一直深谙于心。

“老百姓有事一般不愿轻易上法院来，闹到法院的时候往往矛盾都比较剧烈了。我们就到街道上开展巡回服务工作，为他们提供一些法律咨询和司法帮助。”田琪说道。

为争取在源头上疏通化解矛盾，天津法院创新社会治理形式，设立巡回法庭，延伸审判职能，更加注重发挥其在纠纷调解、信访化解、法律咨询、诉讼指导、法制宣传、征询群众对法院审判工作的意见和建议等方面工作的积极作用。

在一些矛盾易发、多发的领域，巡回法庭成了矛盾一线名副其实的“灭火器”。红桥区轰轰烈烈开展着的棚户区改造项目，正考验着法官的司法能力。

2017年，天津市委、市政府启动了全市棚户区3年清零计划。任务一公布，所有人都替红桥区法院的法官们捏了一把冷汗：3.2万户，66.3万平方米，红桥区的棚户区人口和面积一下占到了全市任务总量的一半。

“这些棚户区居住的贫困人口特别多，一改造，涉及利益，一下子一家几代人的矛盾都爆发出来了。”红桥区法院告申庭副庭长杨明说。

面对这种情况，红桥区法院决定先发制人，在棚户区改造地专门成立了派出法庭。一周7天，由2名经验丰富的法官和2名调解员轮流坐班，向棚户区的居民提供法律咨询和帮助。法官贺长滨就是其中的一位。

“现在征收政策这么好，咱们先跟家里人商量一下，抓住机会，把钱拿下来，再考虑这些钱到底怎么分配，怎么也是一家人……”在铃铛阁派出法庭调解室，贺长滨苦口婆心地劝说着当事人。

在当事人终于同意回家同家里人商量之后，贺长滨将她送到了门口，一句话没来得及说，就又被屋里前来咨询调解的人叫了回去。

半个小时之后，贺长滨终于得了空，她边抓起桌子上的毛巾抹了一把脸，边用有些沙哑的嗓音极快地对我们说道：“今天我在铃铛阁这儿，明天我得去西沽南，后天还得去西于庄，那边还需要出一个人民调解的手续……”贺长滨知道，从她被派到法庭工作的那一刻起，她的这双脚就再也停不下来了。

为了最大限度地利用司法资源，天津法院派出法庭普遍实施了驻点值班制度。法院选派一些政治素质高、社会经验足、调解能力强的干警，每周定期到派出法庭驻点值班，接待来访群众。同时，还建立了流动办案制度，对存在案情实际需要、当事人行动不便等情况的案件，流动办案、现场调解。

贺长滨就这样在几个派出法庭之间不停地穿梭。截至8月，她总共为1700余人提供了法律咨询，出具调解协议书50余件，“行走的法官”成了她越叫越响的名号。

## 诉前调解：靠群众多一点，再多一点

从诸暨的经验看，群众起来之后，做得并不比你们差，并不比你们弱，你们不要忘记动员群众。

——毛泽东

一棵树，没有脚下附着的大地，就无法成长；一家法院，不懂依靠人民群众的力量，就无法在司法改革的道路上立稳脚，迈开步。

2018年4月，中央政法委、最高人民法院、司法部等6个部门联合印发了经中央全面深化改革委员会第一次会议审议通过的《关于加强人民调解员队伍建设的意见》，意见要求，要注重从德高望重的人士中选聘基层人民调解员，注重选聘律师、医生、教师、专家学者等社会专业人士和退休法官、检察官、民警以及相关行业主管部门退休人员担任人民调解员。

而在天津，广泛动员人民群众力量，开展人民调解工作，已经成为各级法院的一种共识。

“我是一名退休教师，考虑着退休后还能发挥点余热，就过来当人民调解员了。”天津市河西区人民法院人民调解员孙洪文告诉我们。

河西区是天津市政府的驻地，人多地少，每年收案量居高不下，物业纠纷是河西区法院最多的案件类型之一。今年1月，河西区法院将辖区内的98家物业公司召集起来开了一次会。根据与参会物业公司交流和往年的经验，河西区法院预计今年会有1万件左右的物业纠纷。为了让纠纷得到更及时、更高效的化解，河西区法院为每个法官搭配一名人民调解员，开展调解工作。孙洪文与告申庭副庭长杜娟就是一对搭档。

“我们院提倡所有的物业纠纷都优先选用人民调解，调解不成的再起诉。”孙洪文说。

孙洪文记得他和杜娟一起处理过一件群体纠纷物业合同案件。王某等人没有按期缴纳物业费，物业公司将他们诉至法院。而在这个小区未缴费的业主还有百余户。案件进入调解程序后，孙洪文发现这几名业主与物业公司的矛盾较大，孙洪文来回跑了很多次，但次次无功而返。

最终河西区法院决定选择王某的案件进行公开审理，并邀请其他业主代表旁听庭审。法院判决王某按照90%的标准支付物业费，并公开了裁判文书。这些裁判文书在小区业主的微信群、朋友圈中得到了广泛传播，其他业主看到法院判决后，纷纷通过人民调解解决了纠纷。

“诉前调解省时省力还省钱，一旦达成协议，经过司法确认也具有法律效力，无论是从时间、费用还是效果方面，都比诉讼要好。”杜娟说道。

而在蓟州区，覆盖全县大调解网络的建立则为法院寻人提供了良好的途径。

“闫庭长，我案子的当事人联系不上了，您能帮我找找吗?”

“别着急，我马上帮你联系。”

几年来，“好交”的闫哲成了天津市蓟州区人民法院“行走的通讯录”，蓟州区法院每一个干警都知道，如果找不到当事人，找民事审判三庭闫庭长准没错。

蓟州区位于天津的西北部，是天津唯一的半山区。为了更好地联系群众，蓟州区法院与妇联、司法局紧密合作。现在，蓟州区26个乡镇街全部设立了综合调解中心，全县949个自然村均设立村级调解室，一线从事调解工作的人员已经达到2942人，形成了覆盖全县的大调解网络。

“我们联系了很多村里比较有名望的老人、村干部，开展人民调解工作。现在随着经济的发展，很多当事人外出打工或者嫁到外地，去了也找不到人，我们就联系这些人打听，一般都能找到。”民事审判三庭庭长闫哲告诉我们。

在现在的天津，人民调解室已经成为法院的标配。为推动诉前调解工作的开展，天津法院还先后出台《关于建立诉前联合调解工作机制的若干意见》《诉前人民调解员任职和在线调解程序规范》等文件，“发动群众，依靠群众”在这里不再是空洞的口号，而是天津法院时时在做的事情。

## 平台建设：让科技强一点，再强一点

面对信息化潮流，只有积极抢占制高点，才能赢得发展先机。要推动信息化和工业化深入融合，必须在信息化方面多动脑筋、多用实招。

——习近平

随着诉前调解案件量的增加，新情况新问题也随之而来，很多有调解意愿的当事人，因各种情况无法或没有时间到法院进行调解，成为让人民调解员头疼的调解困难重要原因。在武清区，这样的矛盾格外突出。

“在我们这里买房的60%是外地人，买了也不住，就是给小孩上个户口，好在这里上学。”人民调解员王丽娟说道。

武清，素有“京津冀走廊”之称，从这里的高铁站出发只需14分钟便会到达天津站，21分钟便会到达北京南站。凭借得天独厚的交通优势，武清区吸引了大批来自北京、河北、山东等地的人们，涉及房地产业的纠纷飙升至占天津市武清区人民法院受理的民商事纠纷数量的三分之二。由于业主大多身处外地，不停地拨打电话便成了王丽娟等人民调解员工作的一种常态。

“往往一个事要打三四个电话，我这电话有500分钟的免费通话，这个月才刚过一半，通话时间就没了。”王丽娟笑道。

然而这种情况伴随着人民法院调解平台的建设，正在逐渐改变。

今年5月16日，天津市高级人民法院在河西、河北、红桥、武清、静海、蓟州、汉沽、津南等8家试点单位，正式启动人民法院调解平台应用试点工作。当事人只需要在手机上下载人民调解平台的APP，就可以在上面约定调解时间，与人民调解员通过三方视频的方式进行线上调解。

“我们的业务范围比较广，来回跑不方便，用人民法院的这个调解平台，我在家或者在单位就可以通过远程连线，上传材料，解决纠纷，非常方便。”人保财险蓟州分公司的法务谢科文说道。目前他已经通过该平台处理了十多个保险合同的纠纷。

而在线调解平台可留痕、可追踪的特点，为法院量化诉调对接工作，统计调解案件数量和调解人员工作量提供了可能。

“以前我们也做了大量的调解工作，但是工作量无法体现，许多人不知道，我们自己也缺乏职业的荣誉感。现在，我们调解案件的情况都能在调解平台上显示出来。当事人看到我的调解工作做得好，就会主动找到我，让我觉得很有成就感。”蓟州区法院调解员蒲彦文说道。

人民调解平台的建设不仅提高了在线调解员的职业尊荣感，也为法院工作考核、褒奖先进提供了科学依据。从6月份平台上线运行以来，天津法院共汇聚146名在线调解员和25家行业性、专业性调解组织，在线调解案件1341件，调解成功率达61%。

相信群众，依靠群众，让家庭琐事不出户、邻里纠纷不出组、小事不出村、大事不出镇、矛盾不上交。带着“枫桥经验”给予的启示，天津法院在多元化解纠纷的道路上越走越稳，越走越快……

（作者徐光明，原标题《传承枫桥经验　谱写时代新篇——天津法院多元化纠纷解决工作纪实》，摘自《人民法院报》）

# “枫桥”来清丰 传经也取经

## ——枫桥镇娟子蹲点调研人民调解“清丰模式”

11月13日，河南省清丰县迎来一位从“枫桥经验”发祥地浙江省诸暨市枫桥镇慕名而来的贵客。她叫蔡娟，大家都称她为“娟子”，是闻名全国的品牌调解室——枫桥镇娟子工作室的负责人，也是上榜“农民喜爱的百种图书”的畅销书《枫桥经验之人民调解案例故事》的作者。她是在媒体上看到了有关报道，特地来看看人民调解“清丰模式”的“真面目”。

濮阳市司法局与清丰县司法局共同举办了“枫桥·清丰”调解经验交流会，濮阳市各县（区）调解中心主任和品牌调解室调解员等150余人参加了会议。会前先观摩了清丰县每月一次的调解故事宣讲赛。娟子对宣讲赛赞不绝口，认为这是个自我培训提高的妙招，值得学习。特别是看到清丰县年轻人民调解员的风采，娟子更是大加赞赏：“清丰县注重调解员年龄结构的优化，为人民调解工作注入了活力，从年轻人身上看到了人民调解工作的未来。”之后，娟子介绍了“枫桥经验”的新发展，并分享了自己的调解技巧和工作体会，会场不时响起阵阵掌声。交流会一直开到下午1点多，大家仍感觉意犹未尽。调解员纷纷感谢娟子传经送宝，通过娟子的授课真正领悟到了

“枫桥经验”与时俱进的时代精神和丰富内涵。

娟子参观了清丰县社会矛盾纠纷调解中心，在接待大厅的“点将台”前驻足拍照，并发到拥有5万多粉丝的公众号让大家猜其用途。她说，这个像病人挂号选医生一样选调解员的设备太好了，能更好地激励调解员改善服务态度、提升调解水平、树立品牌形象。

娟子还参观了清丰县司法局双庙司法所、马庄桥司法所和高堡司法所，并走访了部分村庄。通过深入走访，娟子发现，清丰县在深入研究和借鉴“枫桥经验”的基础上，探索出一套行之有效的工作机制：主要是建立了“访诉调”对接联动机制，实行信访接待、矛盾调解、法律咨询、心理疏导、司法确认、速裁仲裁等无缝对接和一条龙服务；建立了智能全科网格化管理机制，使矛盾纠纷能够在第一时间通过信息平台分办、交办、协办和督办，从而实现了县、乡、村三调高效对接和部门联动；建立了联合调处机制，在县矛盾纠纷调处中心组建联合调解委员会，委员会下设4个由专职人民调解员、员额制法官和律师组成的联合调解小组，小组作战提高了调解能力和效率；建立了奖惩激励机制，通过组建人民调解员协会和承接政府购买调解服务，派遣并统筹管理各调委会的专职人民调解员，实行多劳多得的补贴发放办法，充分调动了调解员的积极性，出现了争着办案、用心办案的好势头；建立了依法调处机制，在县调解中心设立律师工作室和远程视频调解室，在各乡镇公共法律服务工作站常设了律师咨询窗口，要求调解员对不懂的法律问题先咨询律师，调解协议先经过律师的合法性审核，从而提高了依法调处能力。去年以来，清丰县调解案件量大幅增长，同时上访案件量大幅下降，越来越多的乡镇实现了

“小事不出村，大事不出乡，矛盾不上交”。

考察期间，娟子分别见到了清丰县委书记冯向军，濮阳市司法局党委委员、副局长洪璞，清丰县委常委、政法委书记岳洪波，副县长蒋智敏，县司法局局长杨永超等，就坚持和发展“枫桥经验”进行了深入交流。

娟子感慨这次清丰之行是一次“传经”之行，更是“取经”之行，从清丰的创新举措中受到很多启发。她在朋友圈里写了这样几句话：“南有枫桥调解经验，北有清丰调解模式。娟子在清丰看到了学习贯彻习近平总书记指示坚持发展‘枫桥经验’的升级版！“枫桥经验”花开中原，平安中国，让世人羡慕。”

（吴文士）

# 浅谈离婚经济帮助制度的不足与完善

近年来，随着经济的发展和社会的进步，人们的婚姻观念不断变化，离婚率也不断上升。偏高的离婚率也体现在数量众多的婚姻家庭纠纷案件上。由于历史和现实的影响，农村妇女在离婚时的权利尤其是涉及经济帮助时往往得不到有力保障。加之离婚房屋分割纠纷自身的复杂性，在离婚案件中保护农村妇女的权益一直是个难题。本文将结合审判实践中的案例，分析离婚经济帮助制度的不足与完善，以期待解决这一实践中的难题。

## 一、两个离婚案件的处理

本地法院案件的处理。

原告高某与被告李某经人介绍认识。高某系医生，李某系农民，1992年5月12日双方在办理结婚登记后，按照农村风俗举行了结婚仪式，婚后双方夫妻关系尚可。生长女高某娜（已经结婚），次女高某莉，长子高某利。1999年4月份，原告离家外出，原、被告双方便一直分居生活至今。原告以夫妻感情确已破裂为由诉至法院要求离婚，被告不同意离婚。经法院主持调解，被告同意离婚不离家，但就子女的抚养、财产分割无法达成一致意见。

法院判决结果为：准予原告高某与被告李某离婚。婚生次女高某莉及长子高某利由被告李某直接抚养，原告高某每月负担抚养费用1000元（每个孩子500元），至女孩高某莉、男孩高某利独立生活时止；从2012年6月份开始于每月25日前给付；在不影响孩子正常生活、学习的情况下，原告可以随时探视。原告高某的婚前财产沛县某镇某村某庄东屋四间归原告高某所有，该房屋暂由被告李某居住使用至李某再婚时止；被告李某的婚前财产归被告李某所有；双方共同财产依法分割。判决后双方均未上诉，判决已生效。

外地法院类似案件的处理。

杨一与杨二于某年某月某日办理结婚登记，生育长子杨某材，次子杨某杰。杨某材表示如父母离婚，愿意与杨一共同生活，杨某杰表示如父母离婚，愿意与杨二共同生活。某镇某村50号房产的产权人是杨某标和杨一。2016年4月29日，杨一向法院提起离婚诉讼，后于同年6月30日撤诉。2017年5月4日，杨一再次向本院提起离婚诉讼，法院经审理后，杨一同意在离婚后，杨二可在某镇某村50号原双方结婚用房居住一年。

法院判决结果为：准予杨一与杨二离婚。自本判决生效之日起，杨二可在某镇某村50号原双方结婚用房居住一年，期满后应自行搬离。驳回杨一其他诉讼请求。

在上述两个案件中，尽管案涉房屋的所有权均不属于女方所有，但本地法院和外地法院均同意女方离婚不离家。本地法院和外地法院尽管都确认了女方的居住权，但在具体的判决上仍然有所区别。关于居住的期限，本地法院判决案涉房屋暂由被告李某居住使用至李某再婚时止。而在外地案件中，法院则判决杨二可在某镇某村50号原双方结婚用房居住一年，期满后应自行搬离，这不同于本地法院的判决，一年属于明确的居住期限。

## 二、离婚经济帮助制度存在的缺陷

农村宅基地是农村的农户或个人用作住宅基地而占有、利用本集体所有的土地。尽管根据我国法律的规定，宅基地属于集体所有，既不能买卖，也不能继承，不属于真正意义上的财产，但是农村居民对于宅基地享有使用权是一项重要的土地权利，属于我国特有的一种用益物权形式，具体是指农村集体经济组织的成员对国家或集体经济组织划给其建造房屋的国有土地或集体所有的土地享有占有、使用权。农村宅基地使用权是与集体经济组织成员的资格联系在一起的，故而宅基地在一定程度上具有福利性质和社会保障的功能。并且，宅基地是房屋存在的基础和承载物，没有宅基地，房屋就无法存在。然而，在实践中，农村妇女往往在农村宅基地使用与权益实现方面面临困境。尽管依据我国法律的规定，妇女在宅基地使用、农村土地承包经营等方面，享受与男子平等的权利。并且，农村妇女无论是否婚嫁，都应与相同条件的男性村民享有同等权利，村集体经济组织或者政府不得以任何形式和任何借口剥夺或限制妇女在申请宅基地方面的权利。但是，这些法律对农村妇女的土地权益保护的规定大多是原则性的规定，过于宏观缺乏可操作性，难以真正解决实际中的难题，以至于在实践中存在着对妇女宅基地使用权的性别歧视。

目前，我国的宅基地分配标准尚无成文的法律规定，广大农村地区适用的是习惯法，通过“村民自治”这样一个民主程序由村民委员会或村民大会决定宅基地的分配程序和办法。而我国是一个有着几千年父权制历史的国家，传统的习惯和道德是以男性为主导建立起来的，以男性的利益为核心，把妇女视为男性的附属品。因此村规民约难以逃脱传统观念的束缚，在宅基地分配问题上难以做到男女平等。中国的宅基地分配制度以成年男性为主体，一个家庭有几个成年男子，即可分得几块宅基地，或者家庭中的一个成年男子与父母共用一块宅基地。妇女通常不是宅基地的发放对象，除非双女户或多女户，其中一个女子可以享受男子的待遇，可以分得一块宅基地或者与父母共用一块宅基地。这种宅基地分配制度，使得大多数妇女无法获得宅基地，一些农村甚至有未婚妇女不得分配宅基地、强制收回外嫁女以及离婚或丧偶妇女的土地的情况。加之在男婚女嫁的观念影响下，男方准备房屋、女方准备嫁妆，因此按照我国农村风俗，宅基地的取得以及房屋的建造大都在婚前完成，取得的程序或是以男方个人名义申请，或是以男方父母名义申请。而根据我国现行《婚姻法》的规定，宅基地和房屋均属于男性的婚前个人财产，妇女一般对宅基地及地上房屋均不享有权利。因此，在农村夫妻离婚时，当女方提出以共同财产为由分割宅基地与房屋的相关权益的请求通常得不到法律的支持。这就导致离婚和丧偶的妇女因为婚姻关系的解除，会出现既无法分割前夫家的宅基地，想回娘家所在地的村申领宅基地又无资格的局面，致使她们无家可归。

《婚姻法》第四十二条规定：“离婚时，如一方生活困难，另一方应从其住房等个人财产中给予适当帮助。具体办法由双方协议；协议不成时，由人民法院判决。”该条是离婚经济帮扶制度的法律依据，在审判实务中，经常有双方当事人协议不成，要求法院依据该条款进行处理的情况发生。如何认定一方生活困难，以及经济帮扶的标准如何确定，是实践中遇到的难题。结合上述两个案例以及当前我国的农村宅基地分配现状，根据我国《婚姻法》第十八条以及最高人民法院《关于适用〈中华人民共和国婚姻法〉若干问题的解释（一）》（以下简称为《〈婚姻法〉解释（一）》）第十九条的相关规定，在没有其他约定的情况下，男方婚前所盖房屋，按照《婚姻法》的规定属于男方的婚前个人财产，因而在离婚时，女方很难继续在男方家里居住，女方离婚时也无权要求分割。对于一些无家可归的农村妇女，婚姻法并没有给予充足的保障，法律所规定的适当帮助，无法给农村妇女最基本的保障。

《〈婚姻法〉解释（一）》第二十七条规定，《婚姻法》第四十二条所称“一方生活困难”，是指依靠个人财产和离婚时分得的财产无法维持当地基本生活水平。一方离婚后没有住处的，属于生活困难。离婚时，一方以个人财产中的住房对生活困难者进行帮助的形式，可以是房屋的居住权或者房屋的所有权。婚姻法解释遂对这一问题确定为生活困难，但是《〈婚姻法〉解释（一）》并未将根本问题解决，农村妇女即使在离婚后可以居住在婆家，但是因为已经离婚，她们往往遭受着婆家人的脸色以及乡邻的谈论笑料，农村妇女很难在婆家不受干扰地长期生活，根本问题还在于制度本身的欠缺，主要表现在：

范围不清。《〈婚姻法〉解释（一）》第二十七条仅是针对《婚姻法》第四十二条做出了有关一方生活困难特别是住房困难的解释，离婚经济帮扶的范围到底包括哪些，其中是否包含对一方承担成年患病子女的照顾还需要思考。

标准不明。根据《〈婚姻法〉解释（一）》第二十七条规定，经济困难属于绝对困难，即无法维持当地基本生活水平和没有住处的。关于无法维持当地基本生活水平的标准各地不一，不好掌握，法官自由裁量权相对较大，审判实务中不好操作，造成各地法院关于该类问题判项不一，容易出现同案不同判现象。

形式不当。根据《〈婚姻法〉解释（一）》的规定，离婚时对生活困难者进行帮助的主要形式是一方个人财产中的住房，受救助方既可以选择房屋的居住权，也可以是房屋的所有权。对于经济帮扶有经济帮扶能力的还好，因为夫妻关系存续期间有可供执行的财产，但是对于一些没有履行能力的案件，如何去帮扶，需要慎重思考，法院一纸判决做出的帮扶，有时候不一定能起到真正的帮扶效果。

## 三、完善离婚经济帮助制度的思路

居住权，是指居住权人对他人所有房屋的全部或者部分及其附属设施，所享有的占有、使用之权利。居住权具有人身性、救助性的特点。此外，由于居住权具有人身专属性，所以一旦权利人死亡，居住权便消失，因此其也具有期限性。随着社会的发展和进步，受罗马法的影响，德国、法国等大部分大陆法系国家都规定了居住权制度。

尽管我国深受罗马法等大陆法系国家民法典的影响，但是我国目前的《物权法》及《民法总则》等相关法律中却并未明确规定居住权制度。在我国，由于严格物权法定原则的限制，并不存在物权性质的居住权。但其实早在《物权法》出台之前，在其制定过程中，围绕居住权的制度设计，学者之间展开了激烈的争论。持肯定论的学者认为，居住权有利于保护弱势群体的利益、促进房屋的有效利用，解决离婚妇女、老人等群体的住房困难问题。居住权制度对于完善住房保障体系，缓解日益严重的住房压力有着积极作用，在物权法中确立这一制度有其必要性。而持否定论的学者认为，居住权的创设目的主要在于解决父母、离婚妇女、保姆这三类群体的居住问题。父母的居住问题，在《婚姻法》《继承法》等法律中有充分的保障，不存在任何问题。而有关离婚一方的居住问题，可以通过租赁方式解决，因此离婚女方的居住已经不再是困扰法院的难题。雇佣保姆的家庭都仅占少数，准备给保姆永久居住权的，恐怕只是极个别的情形。故而，认为《物权法（草案）》草案创设所谓“居住权”，与中国的国情和实际是违背的，属于无的放矢、闭门造车。有的学者则主要从居住权的立法结构、居住权产生的社会基础、居住权的功能和存在价值这四大方面，论证了我国《物权法》中无设置居住权的可行性。

现今，正在起草的《民法典·物权编》又再次出现这一问题，即是否应当规定居住权。而根据《民法典·物权编（草案）》的内容，“居住权”又一次进入了立法者的视野。《民法典·物权编（草案）》突破《物权法》的局限，对居住权进行了规定，可喜的是，这次对于居住权成为独立的新型物权似乎没有听到反对的声音。

本文认为，在我国《婚姻法》及其司法解释中并无明确农村妇女居住权，法律可以不设置居住权制度，但可以以《婚姻法》第四十二条一方困难经济帮助的条文中进行解决，进而解决大量出现在农村的离婚不离家案件。为了解决此类问题，当前的离婚经济帮助制度应当完善如下几方面：

### （一）明确经济帮助制度的范围

离婚纠纷是含有人身属性的一种案件，该类案件的妥善处理才能让家庭和谐，社会稳定。对于离婚中出现的问题，需要我们从立法上予以解决。经济帮助制度不是简单地给钱了事，更多的是要解决夫妻离婚后的“后遗症”。经济帮助制度的范围应明确为受帮助的人的范围和财产的范围，关于人的范围可以是夫妻中的一方，应该增加丧失劳动能力子女要求帮助的权利；对于年轻的离婚夫妻要慎重适用经济帮扶制度，对于年龄较大，丧失劳动能力，或者身患重病的应给与必要的支持；就农村地区而言，对于娘家无亲人、子女已成年的，更应注重该制度的应用。个人认为该制度的帮扶范围应为：①离婚时身患严重疾病，具体参照医院认定标准。②年老病弱，丧失劳动能力，无其他生活来源。③离婚后无居所，娘家无亲人，子女已成年。④结婚十年以上，为家庭付出较多，无就业能力；⑤其他特殊情况。

### （二）考虑经济帮助的时间与数额

对于离婚纠纷中的当事人，因为已经面临家庭的解散，往往双方矛盾较大，但是确定离婚时的财产能否维持当地基本生活水平时应综合考虑双方的差距，对困难一方的职业、收入、文化程度、子女抚养教育、父母家庭情况、有无住房、身体状况等进行综合考量。具体的帮助时间和数额应考量以下两点：

1. 看帮扶一方的经济状况和综合实力

这种比较是相对的，如果一方实力雄厚，家庭财产较多，此时可以酌情相对帮扶的时间和数额多一些。但是要避免让帮扶人员成为一种负担，过分加重了帮扶人员的责任而导致其陷入两难境地。就像本地法院处理案件中，高某作为医生，长期离家出走，三个孩子一直由被告李某抚养，且离婚后还有两个孩子需要李某抚养生活，法院综合考量双方的经济基础和高某不回去生活的事实，酌定被告李某在原告所有的房屋居住使用至李某再婚时止。这种判决结果在农村来说，就是广大妇女所述的“离婚不离家”。因为她们长期在婆家生活，子女有的已成年，如果此时让他们回到娘家也是不现实的。但是如果帮扶一方经济状况也仅仅是稍微比被帮扶人好些，这种情况下在帮扶时间和帮扶数额上就应该适当少些，做到让双方均衡的发展，避免因为离婚引发更大的冲突。比如上文外地法院处理案件中的离婚纠纷，双方中的一方自愿同意让另一方居住一年，这种情况是综合考虑了双方的离婚缘由、家庭子女的现况、双方劳动能力，做出的符合当事人意志的判决，也是符合当前社会的主旋律和正能量的。

2. 看被帮扶一方的困难程度

如果被帮扶一方无业、生活特别困难，缺乏再就业的机会，谋生能力差些，或者生活不能自理，或者抚养子女较多，或者身患严重疾病，等等，在这种情况下的帮扶就可以适当的时间长些，财产多些。但是如果根据社会群众一般社会经验和常识判断，受帮助方具备一定的劳动能力，受教育的程度和健康状况等具备独立自主生活的能力，帮扶则应考虑时间和数额适当少些。

### （三）明确经济帮扶的形式

现行法律规定是从一方住房等个人财产中给予适当帮助，具体帮扶形式没有明确。审判实务中对于该类案件的帮扶存在形式多样。首先，我们要明确帮扶的形式，既可以是房产，也可以是现金，当然是否存在劳务还存在争议，部分无民事行为能力人瘫痪在床的情形也是存在的，是否可以用劳务来帮扶也是值得思考的。其次，我们对于帮扶的后果要考虑，特别是一些住房帮扶问题，两人既然离婚，还天天生活在一个屋檐下，对于任何一方来说，这都是一种无形的痛！本文认为应当尽量减少这种容易产生新的矛盾的判决，法院裁判应尽量能够让双方从本次离婚诉讼中彻底脱离出来，重新开始，而非让当事人双方天天怀恨在心，产生纠纷。

（作者系徐州市沛县人民法院大屯人民法庭庭长李魁，文章摘自徐州市中级人民法院网，有删改）

# 创新应变的调解工作

唯物辩证法告诉我们，事物总是在发展变化，在变化中发展，并逐步向更高境界，更宽领域，更科学、更合理的方向递进的。调解工作也一样。

新时代的调解工作又有哪些变化呢？笔者根据平时企业管理经营中遇到的工作，写下下面的内容：

首先是调解对象发生了变化。“枫桥经验”诞生时的调解对象，几乎是清一色的农民，而且还是文化水平比较低的农民。如今的调解对象至少有五大类群体组成的：一是新型农民群体，这代新型农民群体有文化、有思想，敢作敢为；二是个体经营户，或承包农田，或承包林地，有思想，而且见多识广，信息灵通，交往广泛；三是企业职工，这类人群工作在企业、生活在农村，开汽车上班，骑摩托下田，城镇和农村两地居住，生活半径很大；四是外来务工人员，这类人群来自五湖四海，构成成分复杂，素质参差不齐，工作生活在当地，户口在老家，是农村基层纠纷调解、社会治安维护的重要对象；五是城中村改造安置户，这类群体相当一部分没有承包田，在城镇又无固定工作，以自谋职业为主，但根仍然在农村。调解对象的复杂性决定了调解工作的艰巨性。

其次是调解内容发生了变化。以前的生产资料和生产关系决定了农村基层调解内容主要集中在邻里纠纷和社会治安，而如今的调解内容涉及交通事故、劳资纠纷及各种因经济发展中产生的社会治安、社会矛盾、利益诉求、家庭婚姻类家事纠纷等。虽然人们法律意识在不断提高，法律法规本身也日益完备，但基层调解工作依旧任重道远。

再次是调解工具和手段发生了变化。从过去单一的“老娘舅”式的调解和相对单一的司法调解，发展到如今日益完备的法律思维，加之互联网、大数据、云平台时代的到来，对基层社会治安、综合治理、纠纷调解提出了新的更高的要求。电话调解、微信调解、视频调解、通过现场录制的电视调解等与时俱进的调解手段，在不断为人民调解提供便利的同时，在处置调解过程中，稍有不慎，就会使事态发展演变成为恶性事件。

所以，调解工作在新时代需要不断地提高调解员的法律水平，既要接地气，又要不断更新方式、方法。

（浙江富润控股集团董事局主席　赵林中）

# 一室一团一校，家事纠纷诉源治理我们这么干

2019年9月8日，绍兴市家事纠纷诉源治理推进会暨越城区婚姻家庭学校启动仪式在越城区人民法院举行。市妇联与市中级人民法院创新家事纠纷诉源治理模式，在越城法院开展试点，搭建“一室一团一校”平台，联动处置家事纠纷，修复受损婚姻家庭关系，依法保护妇女、未成年人和老年人合法权益，探索法治化、专业化和实质化的家事纠纷诉源治理新路径。

妇联和法院、司法局联合在法院设立专门的家事调解室，由具备一定法律业务基础，热心家事调解工作，擅长开展心理辅导的专职调解员专门负责家事调解，同时建立家事特邀调解员制度。目前越城法院已聘任特邀调解员24名，形成“法官指导，专职调解员主导，特邀调解员协同”的调解态势，遵循家事调解合法合情合理原则，保证案结事了。2018年，市妇联派出市家调会金牌调解员钱国正老师进驻越城法院，开展家事案件调解工作。

区妇联与区法院、区司法局整合各方资源，联合打造“越姐姐家事爱馨团”巾帼家事调解志愿者组织。团队秉持“宽容、爱、平和”的工作理念，由13位女性组成，她们来自各行各

业，有人大代表、政协委员、教师、律师、妇联干部、司法干部、专业调解员，兼具家事指导员、家事调解员、家事调查员、心理疏导员、家事回访员职责，在家事纠纷诉源化解中发挥着积极作用。

婚姻家庭学校，是绍兴市妇联与市中级人民法院共同参与家事纠纷诉源治理的重要载体，在越城法院已举办过17期。其本着“积极挽救婚姻危机，和谐终结死亡婚姻”的教育方针，通过各种创新活动形式，为涉案当事人及辖区居民提供集婚姻辅导、心理咨询、危机干预、多元调解等一体化的综合服务，从而达到挽救婚姻，疏导负面情绪，消除敌对心理，保障妇女、老人、未成年人合法权益，以及缓和诉讼矛盾的效果。

当天，婚姻家庭学校揭牌后首期开展“文明家风，美德家庭”大讲堂和“倾情你我”心理咨询公益活动。在接受现场授课和咨询后，44名婚姻家事案件当事人集中参与调解，其中调解成功28人，当场调撤率64%。

近年来，随着婚姻家事纠纷不断增加、当事人利益诉求日趋多元，绍兴市妇联与绍兴市中级人民法院密切合作，进一步构建畅通家事矛盾纠纷多元化解渠道。

（绍兴市妇联权益部）

# 最多跑一次好，跑出社会更和谐

## ——诸暨百人“助跑团”助力人社“自我革命”

2016年10月8日，诸暨市暨阳街道17个社区主任作为“最多跑一次”百人“助跑团”首批成员，走进诸暨市公共服务中心人社窗口。在社保自助终端前，江新社区主任陈维芹拿出自己的社保卡一刷，不到一分钟就查询到自己的医保等缴费记录。“这个自助终端查询很方便，能不能在社区也投放一个，这样小区的居民就不用跑到公共服务中心来了。”她向陪同的诸暨市人社局领导建议。听到这一提议，诸暨市人社局立马研究，并决定从今年开始，社保自助服务终端机陆续走进镇乡（街道），居民在家门口就可自助查询相关社保信息。

2016年度，诸暨市各类参保人员达412.96万人次，整个社保窗口业务办理量达到241万件，占公共服务中心业务办理量的80%以上。随着“最多跑一次”改革的深入推进，外伤报销“零跑腿”、被征地农民退休手续“家门口”办理等一系列惠民举措应运而生。

“‘最多跑一次’到底做得好不好，效果有没有，群众最有发言权。社区处在民生第一线，我们就是想通过互动，听到老百姓真实的声音，来督促和倒逼我们进行改革，从而让‘最多跑一次’走出感情，走出顺畅。”在随后举行的社区主任座谈会上，杨永水的一席话打开了社区主任的话匣子。当天，社区主任们提出了15个有关政策咨询、意见建议方面的问题，有的当场解答，有的随即研究落实。如：建立科室主任联系社区制度，当居民有事咨询时，社区主任能第一时间找到专业人士来解答；针对市区医院转外就医需到公共服务中心办理这一问题，现市区医院转外就医可在医院直接办理。

据了解，百人“助跑团”成员由人大代表、政协委员、离退休老干部、社区居民、媒体从业人员等多股力量组成。在“市民开放日”，按照群体间不同的社会角色定位，通过定向体验、随机体验和交叉体验等多种形式，面对面主动听取群众还有哪些地方不满意，改革落地还存在哪些瓶颈，共谋改革良策，将实事做实、好事做新，真正实现“最多跑一次”。

“助跑团”使政府为民服务怎么样能更及时反馈，为民服务做好了，也能从源头避免群众满意不满意的服务事项，可以避免很多矛盾纠纷的源头。

# 近70万网友前来围观：上班时间，为什么法官出现在香榧森林公园？

香榧树下讲法律，检察室里化恩怨，陈列馆里听历史……9月19日，中央政法委中国长安网“中国政法七十年”系列直播浙江专场来到诸暨。镜头带着网友寻访“枫桥经验”的前世今生，一起探索诉源治理的那些事儿。

位于诸暨市人民检察院枫桥检察室的刑事犯罪源头防治中心，是全国首个面向农村基层、以刑事犯罪警示预防为目的的法治教育基地，以著名景点五泄为背景板，含着“问渠哪得清如许，为有源头活水来”的深深寓意。跟着镜头走过“源、知、鉴、防、治”5个主题展厅，听着检察官讲“枫桥经验”发源地源头防治的故事，不少网友感慨“就是不一样”。

检察室二楼的和解室里，调解员耐心沉稳，检察官宣布结果，一个故意伤害的案子经过三轮调解，镜头捕捉到了当事人双方握手言和的一刻。

“这个案子检察官和老杨来调解了很多次，老杨也是我特意点单叫的，他们费了很多心思。谢谢他们!”“不用打官司了!”

心头的石头落了地，当事人的满意溢于言表。

他们口中的“老杨”，正是全国人民调解专家、“CCTV2018

年度法治人物”杨光照。早已名扬网上网下的杨光照，不仅诸暨老百姓耳熟能详，通过这次出镜又火了一把，被网友频频点名。网友还“亲眼”见识了传说中的ODR——在线矛盾纠纷多元化解平台的威力。在枫桥法庭，除了大妈调解室、乡贤调解室等颇有地方特色的调解室，在线调解室里也正在对一起合同纠纷案进行网上调解。诸暨市人民法院副院长张学军曾在枫桥法庭担任10年庭长，介绍起来特别自豪：“仅在今年上半年，法庭已受理在线申请调解113件，调解成功86件，调解成功率达76.1%，助力‘枫桥经验’从‘小事不出村’升级到‘纠纷不出户’！”18日，小编在预告时还卖了个关子：为啥香榧森林公园有法官的身影？

原来，在香榧成熟季节，联系赵家镇的法官几乎天天往山上跑，就是为大家送法送安全来的：榧农在蜈蚣梯上采摘香榧其实非常危险，极易发生意外事故，法官特意制作了一份采摘香榧的风险提示函，从案例、合同到保险等一应俱全，还开展普法讲堂，就是希望大家可以从中了解到风险和保护自身权益的方式，防患于未然。另一厢，法庭流动车旁，枫桥法庭庭长正在调解一起财产纠纷案。把“调解高手”送上门，效果很好。

（摘自平安鼎微信公众号，2019年9月19日）

# 后 记

2017年6月，在与枫桥派出所老杨调解中心调解员老杨和枫桥调解志愿者联合会调解员老毛一起从事调解工作两年后，娟子发现调解案例中婚姻家庭纠纷、妇女儿童维权方面的矛盾占了很大一部分。同时信息化手段的运用是调解工作发展的一大趋势。所以，在枫桥镇党委、政府的支持下，成立了娟子工作室。

自娟子工作室成立之日起，枫桥镇党委、政府就为娟子工作室开通了24小时为民调解热线（0575-87981890），娟子工作室秉承“有事找娟子，拨一拨就灵”的宗旨，线上线下为老百姓解决矛盾纠纷。娟子工作室也是国内调解领域第一个开通24小时为民调解热线的。

枫桥镇党委、政府十分支持娟子工作室的工作，用政府购买服务的形式保障了工作室的运作，还推出了公益创投等形式进行鼓励支持。两年多下来，娟子工作室共接待和调处大小家事类纠纷159件，共接听解答热线电话2300多个，回复互动微信粉丝达3000多人次，“娟娟细雨”微信公众号原创娟子工作室故事73篇。能够为这么多群众服务，能够这么受群众信任，是娟子之前没有想到的，这也让娟子认识到自己工作的价值。

为了更好、更专业地做婚姻家庭纠纷人民调解工作，娟子在枫桥镇、诸暨市和绍兴市妇联的关心帮助下，自学了心理咨询相关知识，考出了婚姻家庭咨询师国家职业资格三级证书。娟子不断与时俱进学习“枫桥经验”发动群众、以人民为中心的宗旨，参与基层治理化解家事纠纷，打造平安和谐家庭。此外，每年还自费去杭州西湖区人民法院学习婚姻案件的庭前调解和审判家事的法庭知识，踏踏实实为当事人解忧。

2017年12月10日，中共中央政治局委员、中央政法委书记郭声琨来浙江诸暨视察工作，娟子作为妇联平安志愿者向郭书记当面汇报了娟子工作室参与平安建设的情况。娟子工作室的工作得到了郭书记和随行领导的认可，这更激发了娟子致力于基层平安创建工作的信心。

2018年新年上班第一天，浙江省妇联主席王文娟同志特意到娟子工作室看望了娟子和同事，对娟子工作室服务基层妇女、儿童工作和娟子本人调处家事工作给予了肯定和提出了希望。

2018年2月，浙江省委常委、政法委书记王昌荣也亲临娟子工作室指导工作，对娟子在枫桥镇党委、政府，诸暨市委党校及诸暨市妇联指导下总结编写的《枫桥经验之人民调解案例故事》一书发行给予了鼓励支持。该书于2018年4月底正式出版发行，截至目前已印刷5次，还获得了诸暨市文艺精品奖。国内多个省份把该书作为政法系统培训调解员的参考教材，在社会平安创建和推广“枫桥经验”的基层调解方面发挥了作用。

2018年11月13日，全国妇联副主席、书记处书记谭琳视察了娟子工作室，对娟子工作室运行模式和为打造平安家庭建设，打通服务基层妇女、儿童“最后一公里路”所做的工作表示感谢，并亲切地嘱咐娟子工作再忙碌也要注意身体。

各级领导对娟子工作室的关爱支持，让娟子深感为民工作任重而道远，应该更加努力地为基层百姓提供真挚服务。娟子深知开展人民调解工作要依靠党委、政府，要依靠群众，要不断学习，与时俱进。在贵州省绥阳法院党组书记、院长张隆敏的鼓励下，娟子不断学习诉前调解的知识；在公益达人、浙江省妇女儿童基金会邱哲秘书长的影响下，娟子还参与了“亲情家书”关爱儿童的公益活动；在天津市静海区委政法委书记张玉刚的支持下，娟子对《枫桥经验 调出和谐》的编写出版发行更有信心；在山东省肥城市政法委张华等同志的关心下，娟子对“枫桥经验”的总结传播分享更有信心；在退休老干部钱吉寿夫妇、杨仲坚夫妇、黄同春夫妇、谢优越大姐、蒋宇红老师等的关爱下，娟子对工作生活充满信心。

2019年以来，娟子工作室工作依旧秉持服务基层、化解民忧的理念，弘扬新时代“枫桥经验”矛盾不上交、平安不出事、服务不缺位的宗旨，在工作中不断总结服务群众的方法技巧，分享为民服务的实践经验。

2019年元旦至今，娟子应邀去本省本市乡镇、绍兴、杭州，甘肃敦煌、玉门，天津宁河区和静海区，山东等省内外分享传播新时代习总书记指示坚持发展“枫桥经验”的精神。尤其是把枫桥娟子工作室的家事调解法分享给大家。把平安家庭的理念融入基层治理工作中。在应邀赴各地交流的同时，娟子也学习到了当地先进的理念和坚持创新“枫桥经验”的新成果。

在学习和工作之余，娟子根据实际调解过的案例，汇编成了这本《枫桥经验 调出和谐》。这是对自己两年多来专职于婚姻家庭纠纷调处工作的总结，也是想通过自己浅显的文字让关爱平安家庭创建工作的有关部门和婚姻生活中的人们有所借鉴。

本书真正开始编写之时，天津市宁河区委政法委和枫桥镇娟子工作室刚好合作了一个“千里平安一线牵”的平安建设课题。合作开始，娟子就课题合作事项请教了诸暨市委办的蒋帅同志。蒋帅同志马上建议娟子跟枫桥镇党委委员王岳峰联系汇报。项目得到了枫桥镇党委、政府，镇政法委书记董光泽的支持关心。当然，本书的编辑出版，也离不开天津市宁河区委政法委等有关部门和领导的大力支持。本书的出版也是两家单位坚持发展“枫桥经验”，推动矛盾纠纷源头化解，交流分享新时代“枫桥经验”，创建法治平安社会的总结之一。

作为本书的编写者之一，娟子在此对大家的关心和帮助深表感谢，尤其是感恩枫桥镇党委书记黄茹，党委副书记、镇长袁新江，党委副书记柴锦和对娟子的关心支持和对该书内容做出的指导；感谢天津、甘肃、上海、河南、山东、河北、江苏、江西、广东、福建、浙江等地政法战线的同志及专家学者积极提供稿件。感谢大家一如既往地支持、厚爱娟子工作室。在此也感谢家人的支持。本书的书名由资深媒体人、对“枫桥经验”一直报道和关注的赵卫明同志所取，在此也向他表示感谢。

文末也再次感谢蔡天军夫妇、陈荣周、出书达人陈强夫妇、赵坚、谢新军、蔡国尧、蔡国治、陈冬琴、蔡平儿等朋友亲戚们一直以来对娟子的关爱；感谢娄建广、洪璞、曹业民、郝自献、岳洪波、郭晓哲、蒋智敏、杨永超、邢南艳、陈洁、方兰的热心指导；感谢原《诸暨日报》总编辑斯舜威、周光荣、诸暨市政法委吴建人、诸暨市政协王培光、诸暨市纪委孟钧及诸暨市妇联、浙江省婚姻家庭咨询师协会等有关单位的领导干部，还有张琛、罗继江、傅彬彬、爱莲、戚伯芳、斯剑光、斯杭生、斯舜厚、陈文东、陈可英；感谢全国各级各类媒体如《诸暨日报》《绍兴日报》《绍兴晚报》《浙江日报》《濮阳日报》

《民主与法制》，诸暨广电、河南清丰广电以及河南省司法厅网站、人民网、新华网等多次关注报道娟子工作室。

书中疏漏谬误仍然会有，敬请读者批评指正。

枫桥镇娟子工作室　蔡娟

2019年国庆节